Italienische Klassiker

Rezept	Seite	Kalorien/Portion	Gut vorzubereiten	Preiswert	Gelingt leicht	Vegetarisch	Braucht etwas Zeit	Kalorienarm	Raffiniert	Schnell
Carpaccio	6	190			●			●	●	●
Cipolline in insalata	6	260	●	●		●	●	●		
Mozzarella e pomodori	8	480	●		●	●				●
Sardine marinate	8	120	●	●				●	●	
Bruschetta	9	230		●	●	●		●		●
Insalata di fagioli	9	400	●	●			●			
Pizza alla romana	10	620		●			●			
Zucchini alla calabrese	12	400		●	●				●	
Fagiolini in umido	13	230		●	●			●	●	
Melanzane e pomodori al forno	14	550	●			●	●			
Broccoli al prosciutto	16	290		●	●			●		
Funghi al pomodoro	17	100			●	●		●	●	
Minestrone al pesto	20	380	●				●		●	
Zuppa pavese	22	380	●	●	●					●
Pancotto al modo mio	23	310	●	●			●	●	●	
Spaghetti al pesto	24	900	●			●			●	
Penne agli asparagi e pomodori	24	380			●	●			●	
Spaghetti alla carbonara	26	860		●	●					●
Tortellini alla panna	27	880			●				●	
Spaghetti al gorgonzola	28	760			●	●			●	●
Spaghetti aglio e olio	28	710		●	●	●			●	●
Lasagne al forno alla bolognese	30	1300	●		●		●			

Rezept	Seite	Kalorien/Portion	Gut vorzubereiten	Preiswert	Gelingt leicht	Vegetarisch	Braucht etwas Zeit	Kalorienarm	Raffiniert	Schnell
Risotto alla golosa	32	500			●		●			
Risi e verza	32	550		●	●	●			●	
Gnocchi di patate	34	230	●	●		●	●	●	●	
Gnocchi di polenta	35	860	●				●		●	
Coniglio alla piacentina	38	640	●		●		●		●	
Ossobucco alla bolognese	40	400	●		●		●	●	●	
Fegato di vitello al vino	41	380			●			●	●	
Vitello tonnato	42	520	●		●		●	●	●	
Agnella alla reggiana	44	710	●				●		●	
Saltimbocca alla romana	45	340			●			●		●
Trote alla rustica	46	360	●	●	●			●		
Calamari all'amalfitana	48	450					●	●	●	
Rombo al forno	48	500			●			●	●	
Gamberoni alla caprese	50	610			●				●	
Cozze alla marinara	50	430			●			●		
Merluzzo in umido	52	330		●	●		●	●	●	
Cassata	56	1300	●				●		●	
Amaretti	56	35	●	●			●	●	●	
Macedonia allo zabaione	58	160	●		●			●	●	
Tiramisu	59	630	●		●		●		●	
Zuppa Inglese	60	550	●		●				●	
Crema di mascarpone agli amaretti	60	1200	●		●				●	●

Wegweiser

Antipasti & Verdure (Vorspeisen und Gemüse)

Ob auf einer festen Theke aufgestellt oder auf einem servicefreundlichen Wägelchen vom Kellner an den Tisch gerollt, stets gehören die »antipasti« zu jenen Speisen der italienischen Gastronomie, denen der Gast im Restaurant seine ganz besondere Aufmerksamkeit zuwendet. Nicht nur die Vielfalt des Angebotes ist imponierend, auch die appetitliche Art, in der die Vorspeisen angerichtet werden. Dabei sollen »antipasti« eigentlich nur »stuzzicare lo stomaco«, das heißt, den Magen kitzeln. Sie sollen aber auch neugierig machen auf das, was noch kommt, sie sind die Ouvertüre für ein gutes Mahl. Deshalb wird in Italien so großer Wert auf die richtige Auswahl und eine besonders sorgfältige Zubereitung gerade dieser Gerichte gelegt.

Von alltäglich bis festlich

Ein italienisches Essen ohne »antipasto« ist nicht denkbar. Auch der ärmste Bergbauer bietet dem Gast selbst zu Beginn einer einfachen Mahlzeit hausgemachten Schinken, Würste und in Öl eingelegtes Gemüse an. An Festtagen gibt man sich allerdings mit solch schlichten Köstlichkeiten nicht zufrieden. Fast jede Region hat eine Fülle traditioneller Vorspeisen, die dann sehr sorgfältig und unter großem Zeitaufwand zubereitet werden.

Wenn's schnell gehen soll, gibt es als Vorspeise Schinken und Wurst. Vielleicht mit Oliven, Artischocken und Melonenstückchen.

Frisch vom Markt: Gemüse

Man hat in den ursprünglichen großen italienischen Familien gelernt, sparsam zu kochen. Fleisch war immer teuer, aber frisches Gemüse aus dem eigenen Garten gab es zu jeder Jahreszeit. Zucchini, Auberginen, Fenchel und Artischocken waren die Basis für raffinierte Hauptgerichte. Heute werden diese Gemüsespezialitäten eher als Vorspeisen angeboten. In wenig Salzwasser gedämpfte Gemüse, mit Olivenöl, Zitronensaft, Pfeffer, ein paar Kräutern und Knoblauch gewürzt, schmecken aber nicht nur als vegetarisches Hauptgericht oder als Vorspeise, sondern auch als Beilage zu Fisch und Fleisch. Ob Sie Gemüse kalt oder warm servieren, bleibt Ihnen überlassen. Wichtig ist nur, daß es »al dente«, also bißfest, gegart wird.

Essig und Öl

Zum Braten und Garen verwenden die Italiener Öl, Butter, Schweineschmalz und Speck – je nachdem, aus welcher Region die Gerichte stammen. Für Salate und »antipasti« ist Olivenöl ein Muß, und davon ist das beste gerade gut genug. Kaufen Sie kaltgepreßtes Öl, »olio extra vergine«, und achten Sie auch beim Essig auf Qualität.

Brot und Wein

Ein Korb mit frischem Weißbrot, eine Flasche Wein und eine Karaffe mit Wasser gehören bei einem italienischen Essen stets auf den gedeckten Tisch. Toskanisches Bauernbrot, Ciabatta und andere italienische Brotsorten gibt es nicht nur in italienischen Feinkostgeschäften, sondern auch in vielen deutschen Bäckereien zu kaufen. Sogar in Supermärkten findet man immer häufiger italienisches Brot zum Aufbacken. Den passenden italienischen Wein für Ihr Menü suchen Sie am besten in einer Weinfachhandlung aus oder kaufen ihn direkt beim Erzeuger. Dort und in guten Geschäften wird man Sie in Ruhe beraten, und man läßt Sie die Weine auch probieren.

In Italien lädt das ganze Jahr hindurch ein riesiges Angebot an frischem Gemüse zum Kochen ein.

Carpaccio

Mariniertes Rinderfilet

● Raffiniert
● Schnell

Für 4 Personen:

200 g rohes, hauchdünn geschnittenes Rinderfilet
2 EL Zitronensaft
Salz
4 EL kaltgepreßtes Olivenöl
50 g junger Parmesan am Stück
krause Petersilie
Pfeffer

Zubereitungszeit: 20–25 Min.

Pro Person ca.: 810 kJ/190 kcal
15 g EW/14 g F/3 g KH

1 Die Fleischscheiben auf vier Portionstellern anrichten.

2 Den Zitronensaft mit etwas Salz verrühren, bis sich das Salz aufgelöst hat. Das Olivenöl dazugießen und kräftig rühren, bis sich alles zu einer Marinade verbunden hat.

3 Die Marinade gleichmäßig über das Fleisch verteilen. Die Teller mit Klarsichtfolie bedeckt 5–10 Min. stehenlassen.

4 Vor dem Servieren mit dem Sparschäler hauchdünne Späne von dem Parmesan abraspeln und über dem Fleisch verteilen. Carpaccio mit feingehackter Petersilie garnieren und mit frisch gemahlenem Pfeffer bestreuen. Nach Belieben mit Zitronenachteln dekorieren und sofort servieren. Frisches Weißbrot dazu reichen.

TIP!

Das Fleisch läßt sich leichter hauchdünn schneiden, wenn Sie es vorher für etwa 30 Min. in die Tiefkühltruhe legen. Oder: Lassen Sie es gleich vom Metzger aufschneiden.

Cipolline in insalata

Zwiebelsalat

● Gut vorzubereiten
● Vegetarisch

Für 4 Personen:

750 g Schalotten
Salz
125 g Sahne
4 EL Salatmayonnaise
frisch gemahlener weißer Pfeffer
1 Zitrone
1 Bund krause Petersilie

Zubereitungszeit: 1 Std.

Pro Person ca: 1100 kJ/260 kcal
4 g EW/21 g F/17 g KH

1 Die Schalotten schälen, mit Salzwasser bedeckt bei ganz schwacher Hitze garen, so daß sie nicht zerfallen (das dauert 20–30 Min.). Anschließend in ein Sieb geben und auskühlen lassen.

2 Die Sahne leicht schlagen, mit der Mayonnaise verrühren, salzen und pfeffern.

3 Die Schalotten in eine flache Servierschüssel geben, die Sauce darüber gießen. Die Zitrone in Scheiben schneiden. Die Zwiebeln mit den Zitronenscheiben und der Petersilie garniert servieren.

VARIANTEN

Zwiebeln mit Oregano:
750 g mittelgroße, weiße Zwiebeln schälen, an beiden Enden leicht zurückschneiden. In leise siedendem Salzwasser bei schwacher Hitze langsam garen. Gut abgetropft längs vierteln. Die Viertel in eine Salatschüssel geben, mit frischem oder getrocknetem Oregano bestreuen. Mit Salz und Pfeffer würzen und mit 5 EL kaltgepreßtem Olivenöl beträufeln.

Süß-saure Zwiebeln:
750 g kleine, junge Zwiebeln schälen und in Salzwasser bißfest garen, dann gut abtropfen lassen. In einer breiten Kasserolle 6 EL Olivenöl erhitzen, die Zwiebeln in einer Lage hineingeben und rundum leicht anbraten. Mit 1 TL Zucker bestreuen, dann 1/8 l Aceto balsamico (italien. Balsamessig) angießen. Mit Salz und Pfeffer würzen. Zugedeckt bei ganz schwacher Hitze etwa 10 Min. ziehen lassen. Ausgekühlt servieren.

Im Bild vorne: Cipolline in insalata
Im Bild hinten: Carpaccio

Mozzarella e pomodori

Mozzarella mit Tomaten

- Schnell
- Gelingt leicht

Für 4 Personen:

600 g feste, aber reife Fleischtomaten mittlerer Größe
300 g Mozzarella (möglichst aus Büffelmilch)
1 Bund Basilikum
Salz
schwarzer Pfeffer aus der Mühle
etwa 1/8 l kaltgepreßtes Olivenöl

Zubereitungszeit: 15 Min.

Pro Person ca.: 2000 kJ/480 kcal
17 g EW/44 g F/5 g KH

1 Die Tomaten waschen, abtrocknen, in etwa 1/2 cm dicke Scheiben schneiden, dabei die Stengelansätze entfernen. Mozzarella abtropfen lassen und ebenfalls in gleichmäßige Scheiben schneiden.

2 Die Tomaten- und die Käsescheiben kranzförmig und dachziegelartig abwechselnd auf einer runden Servierplatte anrichten.

3 Basilikum waschen, trockenschwenken, die Blätter abzupfen, große eventuell zerschneiden und über die Tomaten und den Käse streuen.

4 Salz, Pfeffer und eine kleine Karaffe mit dem Olivenöl bereitstellen, damit jeder selber würzen kann.

Sardine marinate

Marinierte Ölsardinen

- Kalorienarm
- Raffiniert

Für 4 Personen:

200 g Ölsardinen ohne Haut und Gräten (Abtropfgewicht)
1 Zitronenscheibe
je 1 Bund Petersilie und Minze
2 Sardellenfilets
4 EL Aceto balsamico (italien. Balsamessig)
2 EL kaltgepreßtes Olivenöl
Salz • weißer Pfeffer

Zubereitungszeit: 20 Min.
Marinierzeit: 1 Std.

Pro Person ca.: 510 kJ/120 kcal
12 g EW/7 g F/3 g KH

1 Die Sardinen abtropfen lassen. Die Bauchseite so aufschneiden, daß man die Filets auseinanderklappen kann.

2 Die Zitronenscheibe in die Mitte auf eine runde Servierplatte legen. Die Filets sternförmig darum anrichten.

3 Kräuter waschen, trockenschwenken und zusammen mit den Sardellenfilets fein hacken. Mit dem Aceto balsamico und dem Öl gut verrühren. Mit Salz und Pfeffer abschmecken. Den Fisch gleichmäßig mit der Sauce beträufeln.

4 Die Sardinen etwa 1 Std. im Kühlschrank marinieren lassen, dann zimmerwarm servieren. Frisches Weißbrot dazu reichen.

Bruschetta

Geröstetes Brot mit Olivenöl

- Gelingt leicht
- Preiswert

Für 4 Personen:

4 Knoblauchzehen
4 Scheiben Bauernbrot
reichlich kaltgepreßtes Olivenöl zum Beträufeln

Zubereitungszeit: 15 Min.

Pro Portion ca.: 980 kJ/230 kcal
2 g EW/19 g F/13 g KH

1 Die Knoblauchzehen schälen und mit einem Messer quer halbieren.

2 Das Bauernbrot von beiden Seiten goldbraun rösten, dann kräftig mit den Schnittflächen der halbierten Knoblauchzehen einreiben.

3 Das warme Brot reichlich mit Olivenöl beträufeln, dann sofort servieren.

VARIANTEN

- Bestreichen Sie das Brot mit Oliven-, Paprika- oder Steinpilzpaste. Gibt's im gut sortierten Supermarkt oder in Feinkostgeschäften.
- Saftiger wird's, wenn Sie ein paar Tomatenwürfel mit Salz, Pfeffer und Kräutern würzen und auf den Broten verteilen. Bruschetta im Ofen knusprig werden lassen und erst dann mit Olivenöl beträufeln.

Insalata di fagioli

Bohnensalat mit Thunfisch

- Braucht etwas Zeit
- Gut vorzubereiten

Für 4 Personen:

200 g getrocknete, weiße Bohnenkerne
1 weiße Gemüsezwiebel
1 EL Kapern
200 g Thunfisch in Öl (Abtropfgewicht)
2 EL Weinessig
Salz • weißer Pfeffer
6 EL kaltgepreßtes Olivenöl
1 Bund Petersilie

Zubereitungszeit: 1 3/4 Std.
Einweichzeit: 12 Std.
Marinierzeit: 1 Std.

Pro Portion ca.: 1700 kJ/400 kcal
22 g EW/21 g F/32 g KH

1 Die Bohnenkerne etwa 12 Stunden in Wasser einweichen. Im Einweichwasser bei schwacher Hitze etwa 1 1/2 Stunden garen. Abgießen und gut abtropfen lassen.

2 Inzwischen die Zwiebel schälen und mit den Kapern zusammen sehr fein hacken. Den Thunfisch abtropfen lassen, dann in Stücke teilen.

3 Essig, Salz, Pfeffer und Öl verrühren und mit den noch warmen Bohnen mischen. Dann die Zwiebel und die Kapern mit dem Salat vermengen. Mindestens 1 Std. marinieren.

4 Thunfisch unter die Bohnen heben und den Salat mit der kleingehackten Petersilie bestreuen.

Pizza alla romana

Pizza mit Tomaten, Mozzarella und Sardellen

- Preiswert
- Braucht etwas Zeit

Wenn man in Süditalien auf dem Land Feste feiert, wird oft eine Pizza als Vorspeise gereicht.

Für 4 Personen:

Für den Teig:
1/2 Würfel Hefe (20 g)
300 g Weizenmehl
1/2 TL Salz
etwa 1/8 l lauwarmes Wasser
2 EL Olivenöl
Für den Belag:
400 g Fleischtomaten
5 Zweige Basilikum
4–5 Sardellenfilets
300 g Mozzarella
frisch gemahlener schwarzer Pfeffer
Salz
3 EL frisch geriebener Pecorino
4 EL Olivenöl
Für das Blech:
Olivenöl

Zubereitungszeit: 45 Min.
Ruhezeit: 1 1/4 Std.
Backzeit: 20–25 Min.

Pro Person ca.: 2600 kJ/620 kcal
29 g EW/32 g F/53 g KH

1 Die Hefe zerbröckeln, mit 2 EL lauwarmem Wasser glattrühren. Das Mehl mit dem Salz mischen, auf eine Arbeitsfläche häufen, eine Mulde hineindrücken. Die angerührte Hefe hineingeben, mit etwas Mehl bedecken. Diesen Vorteig so lange gehen lassen, bis die Oberfläche Risse zeigt. Das dauert etwa 15 Min. Dann nach und nach das lauwarme Wasser in die Mulde gießen, dabei von innen nach außen das Mehl unterarbeiten.

2 Den Teig kneten, bis er glatt und geschmeidig wird. Eine Kugel formen, diese kreuzweise einschneiden, mit Mehl bestäuben und, mit einem Tuch bedeckt, an einem warmen Ort so lange gehen lassen, bis sich das Volumen verdoppelt hat. Das dauert etwa 1 Std.

3 Inzwischen die Tomaten mit kochendem Wasser überbrühen und kurz darin ziehen lassen. Dann häuten, halbieren, dabei die Stengelansätze, die Kerne und den Saft entfernen. Die Tomaten der Länge nach in Streifen schneiden und in einem Sieb gut abtropfen lassen.

4 Das Basilikum waschen, trockenschwenken, die Blättchen streifig schneiden. Die Sardellenfilets in kleine Stücke teilen. Den Mozzarella in dünne Scheiben schneiden.

5 Den Backofen auf 220° vorheizen.

6 Den Teig nochmals kräftig durchkneten, dabei die 2 EL Olivenöl unterarbeiten. Auf einem gut geölten Backblech ausrollen. Mit den Tomaten, den Mozzarellascheiben und den Sardellen belegen. Mit Pfeffer und sehr wenig Salz würzen, mit dem Pecorino und dem Basilikum bestreuen. Mit dem Olivenöl beträufeln.

7 Die Pizza im Backofen (Mitte, Umluft 200°) 20–25 Min. backen.

VARIANTEN

Pizza »quattro stagioni«: Ein Viertel der Pizza mit Venusmuscheln oder Miesmuscheln (frisch oder aus dem Glas), ein Viertel mit Oliven und Kapern, ein Viertel mit eingelegten Pilzen, ein Viertel mit Tomaten und Mozzarella belegen. Salzen, pfeffern und mit Öl beträufeln.

Pizza alla marinara: Den Teigboden mit 500 g nach Rezept vorbereiteten Tomaten belegen. Darauf 100 g zerkleinerte schwarze Oliven, 5 in Stücke geschnittene Sardellenfilets und 1 EL Kapern verteilen. Mit Pfeffer, Salz und Oregano würzen. Reichlich mit Olivenöl beträufeln.

TIP!

Die Hitzeleistung von Herden ist sehr unterschiedlich. Wenn Sie eine »lahme Ente« daheim haben, können Sie die Pizza auch bei 230–250° backen. Wenn die Oberfläche dabei zu dunkel wird: einfach locker mit Alufolie abdecken.

Zucchini alla calabrese

Zucchini mit Speck und Tomaten

- Preiswert
- Gelingt leicht

Für 4 Personen:

600 g kleine, feste Zucchini
500 g Dosentomaten
200 g gut durchwachsener Räucherspeck
1 große Zwiebel
2 Knoblauchzehen
2 Bund Petersilie
1 EL Olivenöl
Salz
frisch gemahlener schwarzer Pfeffer

Zubereitungszeit: 45 Min.

Pro Person ca.: 1700 kJ/400 kcal
9 g EW/36 F/1 g KH

1 Die Zucchini waschen, abtrocknen, die Blüten- und Stielansätze abschneiden. Die Früchte der Länge nach in Viertel und diese quer in drei Stücke schneiden.

2 Die Tomaten in einem Sieb abtropfen lassen, den Saft auffangen. Die Tomaten grob zerkleinern.

3 Den Speck in kleine Würfel schneiden. Die Zwiebel schälen und in Ringe schneiden. Die Knoblauchzehen schälen. Die Petersilie waschen, trockenschwenken und fein hacken.

4 In einer Kasserolle das Öl erhitzen, die Speckwürfel darin knusprig braten, die Zwiebelringe, den Knoblauch und die Petersilie dazugeben und alles etwa 10 Min. bei schwacher Hitze offen braten. Dann die Tomaten und die Zucchini untermischen, mit Salz und frisch gemahlenem Pfeffer würzen und alles gut mischen.

5 Das Gemüse zugedeckt bei ganz schwacher Hitze etwa 20 Min. dünsten, dabei ab und zu umrühren.

Fagiolini in umido

Grüne Bohnen mit Tomaten und Basilikum

- Kalorienarm
- Raffiniert

Für 4 Personen:

750 g grüne Bohnen
1 große weiße Zwiebel
50 g durchwachsener Räucherspeck
300 g Fleischtomaten
1 großes Bund Basilikum
3 EL Olivenöl
Salz
frisch gemahlener schwarzer Pfeffer

Zubereitungszeit: 1 Std.

Pro Person ca.: 980 kJ/230 kcal
6 g EW/5 g F/18 g KH

1 Die Bohnen putzen, in Stücke schneiden und waschen. Die Zwiebel schälen und fein würfeln. Den Speck ganz klein würfeln.

2 Die Tomaten überbrühen, häuten und vierteln, dabei die Stengelansätze und die Kerne entfernen. Das Fruchtfleisch grob zerkleinern.

3 Das Basilikum waschen, trockenschwenken und kleinschneiden.

4 In einer Kasserolle das Öl erhitzen, die Zwiebel darin bei schwacher Hitze weich braten, sie sollen dabei aber nicht bräunen. Dann den Speck, die Tomaten und die Hälfte des Basilikums dazugeben. Mit etwas Salz und Pfeffer würzen. Zugedeckt etwa 20 Min. schmoren lassen. Dann die Bohnen untermischen. Zugedeckt bei schwacher Hitze dünsten, bis sie bißfest sind.

5 Nochmals mit Salz und Pfeffer abschmecken und das restliche Basilikum untermischen.

VARIANTE

Prinzeßbohnen mit Petersilie und Sardellen:
750 g Prinzeßbohnen in Salzwasser bißfest garen. 1 Knoblauchzehe, 1 Bund Petersilie und 4 Sardellenfilets sehr fein hacken, in 1 EL Butter etwa 5 Min. bei schwacher Hitze braten. Die Bohnen untermischen, pfeffern und, falls nötig, salzen. Bei schwacher Hitze garen.

Melanzane e pomodori al forno

Auberginen-Tomaten-Auflauf

- Vegetarisch
- Braucht etwas Zeit

Für 4 Personen:

600 g Auberginen
Salz
600 g reife, aber feste Fleischtomaten mittlerer Größe
7 EL Olivenöl
frisch gemahlener schwarzer Pfeffer
etwa 1/8 l Sonnenblumenöl
100 g frisch geriebener Parmesan
2 EL Semmelbrösel
einige Stengel Petersilie
Außerdem:
Olivenöl für die Form und zum Beträufeln

Zubereitungszeit: 1 1/4 Stunden
Backzeit: 30 Min.

Pro Person ca.: 2300 kJ/550 kcal
12 g EW/52 g F/10 g KH

1 Von den Auberginen die Stiele abschneiden. Die Früchte waschen und in etwa 1 cm dicke Scheiben schneiden. Auberginen lagenweise in ein Sieb geben, jede Scheibe mit Salz bestreuen und etwa 30 Min. ruhen lassen.

2 Inzwischen die Tomaten waschen, abtrocknen, in etwa 1 cm dicke Scheiben schneiden, dabei die Stielansätze herausschneiden. Die Tomatenscheiben auf einer doppelten Lage Küchenpapier ausbreiten, eine weitere Lage mit der flachen Hand leicht dagegendrücken, damit das Papier die Feuchtigkeit der Tomaten aufsaugen kann.

3 In einer breiten Pfanne 2 EL Olivenöl erhitzen. Die Tomatenscheiben bei starker Hitze von beiden Seiten kurz braten, dann auf eine Platte legen, mit Salz und Pfeffer würzen.

4 Die Auberginenscheiben abbrausen, ausdrükken, mit Küchenpapier trockentupfen. Soviel Sonnenblumenöl in der Pfanne erhitzen, daß der Pfannenboden dünn bedeckt ist, und die Auberginenscheiben darin portionsweise bei relativ starker Hitze von beiden Seiten goldbraun braten. Dabei nach und nach das restliche Sonnenblumenöl zu den einzelnen Portionen fließen lassen. Die Auberginenscheiben dann auf Küchenpapier abtropfen lassen.

5 Den Backofen auf 180° vorheizen. Eine feuerfeste Auflaufform mit etwa 1 EL Olivenöl ausstreichen.

6 Lagenweise abwechselnd Auberginen- und Tomatenscheiben in die Auflaufform füllen, dabei jede Gemüseschicht reichlich mit Parmesan bestreuen. Auf die letzte Lage des Auberginen-Tomaten-Auflaufs erst frisch geriebenen Käse und dann die Semmelbrösel streuen. Mit etwas Olivenöl beträufeln.

7 Den Auflauf im Backofen (Mitte, Umluft 160°) etwa 30 Min. backen.

8 Petersilie waschen, trockenschwenken und fein hacken. Den Auberginen-Tomaten-Auflauf damit bestreuen und sofort servieren.

VARIANTE

Auberginen-Auflauf mit Mozzarella:
Die Auberginen, wie im Rezept angegeben, vorbereiten und salzen. Die Scheiben ebenfalls etwa 30 Min. ruhen lassen, dann abbrausen, ausdrücken, trockentupfen, in Öl anbraten und abtropfen lassen. 1 Bund Basilikum waschen, trockenschwenken und kleinschneiden. 200 g Mozzarella in dünne Scheiben schneiden. Den Backofen auf 180° vorheizen. Eine gefettete Auflaufform mit den gebratenen Auberginenscheiben auslegen. Die Hälfte der Käsescheiben darüber verteilen, mit Salz und Pfeffer würzen, mit Auberginenscheiben bedecken. Mit dem restlichen Käse und den restlichen Auberginen den Vorgang wiederholen. 4 Eier mit etwas Salz verquirlen, dann über die letzte Schicht gießen. Den Auflauf im Backofen (Mitte, Umluft 160°) etwa 30 Min. backen.

TIP!

Mit ein paar Scheiben frischem Weißbrot wird der Auberginen-Tomaten-Auflauf zum köstlichen Hauptgericht.

Broccoli al prosciutto

Brokkoli mit Schinken

- Gelingt leicht
- Kalorienarm

Für 4 Personen:

Salz
800 g Brokkoli
200 g roher Schinken, dünn geschnitten
2 Knoblauchzehen
2 EL Schweineschmalz
frisch gemahlener schwarzer Pfeffer

Zubereitungszeit: 40 Min.

Pro Person ca.: 1200 kJ/290 kcal 15 g EW/24 g F/4 g KH

1 In einem großen Topf reichlich Salzwasser aufsetzen. Den Brokkoli waschen und putzen. Die Stiele, wenn nötig, schälen und von unten kreuzweise tief einschneiden, damit alle Teile gleichzeitig garen. Im siedenden Wasser knapp »al dente« kochen. Anschließend den Brokkoli mit einer Schaumkelle aus dem Topf heben.

2 Das Gemüse in einem Sieb gut abtropfen lassen. Inzwischen den Schinken in feine Streifen schneiden. Die Knoblauchzehen schälen und mit einem Messer oder einer Gabel zerdrücken.

3 In einer breiten Pfanne (der Brokkoli muß später noch darin Platz haben) das Schmalz erhitzen und den Knoblauch darin so lange braten, bis er braun wird, dann aus der Pfanne nehmen.

4 Den Schinken in dem Schmalz kurz anbraten, den Brokkoli vorsichtig untermischen, mit Pfeffer und etwas Salz würzen und bei ganz schwacher Hitze etwa 5 Minuten zugedeckt ziehen lassen. Den Brokkoli auf Portionstellern anrichten.

VARIANTE

Brokkoli mit Sultaninen:
1 EL Sultaninen etwa 15 Min. in lauwarmem Wasser einweichen, dann ausdrücken. Den Brokkoli, wie im Rezept angegeben, vorbereiten, in kochendem, leicht gesalzenem Wasser etwa 5 Min. vorgaren, dann abtropfen lassen. In einer breiten Pfanne 1 kleine Zwiebel und 1 Knoblauchzehe, beide fein gehackt, in 4 EL Olivenöl bei schwacher Hitze weich dünsten (sie dürfen dabei nicht braun werden). Den Brokkoli dazugeben, 6–9 EL trockenen Weißwein angießen. Mit Salz und Pfeffer würzen. Zugedeckt bei schwacher Hitze bißfest garen. Kurz vor dem Servieren die Sultaninen untermischen.

Funghi al pomodoro

Pilze mit Tomaten

● Kalorienarm
● Raffiniert

Für 4 Personen:

2 Knoblauchzehen
250 g Fleischtomaten
5 EL Olivenöl
Salz
frisch gemahlener weißer Pfeffer
getrockneter Oregano
500 g Steinpilze, Austernpilze oder Champignons

Zubereitungszeit: 1 Std.

Pro Person ca.: 420 kJ/100 kcal
4 g EW/9 g F/2 g KH

1 Die Knoblauchzehen schälen und fein hacken. Die Tomaten mit kochendem Wasser überbrühen, kurz darin ziehen lassen, häuten und halbieren. Dabei die Stengelansätze und die Kerne entfernen. Das Fruchtfleisch kleinhacken.

2 In einer Kasserolle 2 EL Öl bei schwacher Hitze heiß werden lassen. Den Knoblauch darin kurz anbraten (er darf dabei nicht braun werden). Die Tomaten dazugeben, mit Salz, Pfeffer und Oregano würzen. Die Sauce bei mittlerer Hitze in der offenen Kasserolle etwa 20 Min. einkochen lassen.

3 Die Pilze putzen, abbrausen, trockentupfen und in Scheibchen schneiden. In einer großen Pfanne das restliche Öl erhitzen und die Pilze darin bei starker Hitze etwa 5 Min. braten, salzen und unter den Tomatensugo mischen.

4 Zugedeckt bei schwacher Hitze noch etwa 10 Min. ziehen lassen. Die Pilze heiß servieren oder auskühlen lassen und als »antipasto« verwenden.

VARIANTE

Pilze mit Knoblauch und Kräutern: 500 g Pilze (Steinpilze, Egerlinge) wie im Rezept angegeben vorbereiten. 3 Knoblauchzehen sehr fein hacken. 1 Bund Petersilie fein hacken. Den Knoblauch in Öl leicht anbraten, die Pilze bei starker Hitze so lange mitbraten, bis die Flüssigkeit verdampft ist. Die Petersilie unterrühren, mit Salz und Pfeffer würzen und kurz ziehen lassen. Warm oder kalt servieren.

Primi Piatti (Erster Gang)

Jede Gegend Italiens hat ihre eigene Küche, und so unterschiedlich kann auch der erste Gang eines Menüs sein, der den Hunger dämpfen soll.
Im Veneto und in der Lombardei ist man stolz auf mindestens fünfzig Risotto-Varianten. »La polenta« – meist köstliche Schnitten aus Maisgrieß – wird dort im allgemeinen nur als Beilage zu Fisch- und Fleischgerichten serviert. Im Piemont dagegen bereitet man aus der Polenta mit würzigen Ragouts, einheimischem Käse und Trüffeln köstliche Gerichte zu. Der Neapoletaner schließlich kennt »la polenta« nur vom Hörensagen und lehnt es strikt ab, einen »risotto« auch nur zu probieren. Die »maccaroni al pomodoro« dieser Region gehören wie die »pizza alla napoletana« inzwischen zum Repertoire fast aller Restaurants auf der Halbinsel, auch wenn man die Rezepte in jeder Region etwas abwandelt. So würzt man zum Beispiel in den Abruzzen den »sugo« so großzügig mit Peperoncino, daß die Sauce dort angeblich ihre rote Farbe mehr dem Gewürz als den Tomaten verdankt. Die kleine, sehr scharfe Pfefferschote heißt dort nicht umsonst »diavoletto«, Teufelchen.

In den Abruzzen hängt man die Peperoncini-Schoten zum Trocknen bündelweise an die Hauswand.

Risotto: »all'onda«

Für Risotto brauchen Sie einen guten Rundkornreis. Bei uns bekommen Sie die Sorte Arborio im gut sortierten Supermarkt. Geben Sie Brühe oder Wein kochendheiß und tassenweise immer dann zu, wenn die ganze Flüssigkeit verdampft ist. Verwenden Sie nur mittlere Hitze, so daß der Reis in 20–25 Minuten gar ist. Das Korn soll keinen harten Kern mehr haben. Risotto darf nicht ganz trocken sein, sondern muß wie eine Welle, »la onda«, auf den Teller gleiten.

Pasta: »al dente«

Zu den wichtigsten italienischen Nahrungsmitteln zählen die Teigwaren. Daß es davon vielerlei Sorten gibt, hat seinen guten Grund, denn nicht jede Nudel kann sich mit bestimmten Saucen oder Ragouts gleich gut verbinden. »Pasta« wird immer »al dente« gekocht, das heißt, sie wird abgegossen, wenn sie nach deutschem Geschmack noch nicht ganz gar ist. »Il dente« ist der Zahn, und der möchte die Nudel noch beißen können. Die gekochten Nudeln läßt man gut abtropfen und mischt sie in einer vorgewärmten Schüssel mit dem »sugo«, der Sauce.

Tomaten für den »sugo«

Für Saucen verwenden die Italiener nur vollreife Tomaten, die kurz mit kochendem Wasser überbrüht und dann geschält werden. Außerhalb der Saison werden für den »sugo« konservierte Tomaten verwendet, weil nur sie den Gerichten Geschmack und Farbe garantieren.

Käse zu Pasta und Risotto

Grana und Parmesan aus Kuhmilch sowie Pecorino aus Schafsmilch sind die idealen Käsesorten zum Bestreuen von Risotto und Pasta. Reiben Sie Käse immer frisch, nur dann entwickelt er das ganze Aroma. Achten Sie auch auf die Reife: Junger Käse gibt dem Essen milde Würze, gereifter Käse dagegen macht Gerichte pikant bis scharf.

Tomatenmark bereiten die Frauen in Apulien oft selbst zu: Das Tomatenpüree wird immer wieder ausgestrichen, durch die Sonnenwärme eingedickt und konserviert.

Minestrone al pesto

Dicke Gemüsesuppe mit Pesto

- Braucht etwas Zeit
- Raffiniert

Die »minestre« oder »minestroni« stammen zu einem großen Teil aus der bäuerlichen Küche, wo die Hausfrau auch heute noch aus frischem Gemüse im Sommer oder getrockneten Hülsenfrüchten im Winter ihre Suppen komponiert. In der kalten Jahreszeit verwendet sie natürlich mehr Olivenöl oder Speck als im Sommer.

Für 4 Personen:

Für die Suppe:
- 100 g getrocknete Borlottibohnen (ersatzweise weiße Bohnen)
- 2 Zwiebeln
- 2 Zucchini
- 2 Möhren
- 2 Kartoffeln
- 1/2 kleiner Wirsing
- 4 Tomaten
- 4 EL Olivenöl
- 1 1/4 l Knochenbrühe
- 100–150 g kleine Teigwaren (z.B. Hörnchen)
- Salz
- frisch gemahlener schwarzer Pfeffer

Für den »pesto«:
- 1 Bund kleinblättriges Basilikum
- 1 Knoblauchzehe
- Salz
- frisch gemahlener weißer Pfeffer
- 1/2 EL Pinienkerne
- 20 g frisch geriebener Pecorino
- 50 ml Olivenöl

Einweichzeit: über Nacht
Zubereitungszeit: 2 Std.

Pro Person ca.: 1600 kJ/380 kcal
18 g EW/12 g F/52 g KH

1 Die Bohnen am Vorabend einweichen.

2 Die Zwiebeln schälen und fein würfeln. Die Zucchini waschen und beide Enden abschneiden. Die Möhren waschen und schälen oder schaben. Die Kartoffeln schälen und waschen. Zucchini, Möhren und Kartoffeln in kleine Würfel schneiden. Den Wirsing putzen, vom Strunk befreien, waschen und abgetropft in Streifen schneiden.

3 Die Tomaten mit kochendem Wasser überbrühen, kurz darin ziehen lassen, häuten, vierteln und dabei die Stielansätze wegschneiden.

4 In einem Topf das Öl erhitzen, die Zwiebeln darin leicht anbraten, dann die Zucchini, die Möhren, die Kartoffeln, den Wirsing und die Tomaten dazugeben. Zugedeckt bei schwacher Hitze etwa 10 Min. im eigenen Saft dünsten.

5 Inzwischen die Brühe zum Kochen bringen. Die abgetropften Bohnen in den Topf zum Gemüse geben, die Brühe angießen. Die Suppe zugedeckt bei schwacher Hitze garen, bis die Bohnen weich sind. Das dauert etwa 1 Std. 20 Min.

6 Inzwischen für den »pesto« das Basilikum waschen, trockenschwenken und die Blätter abzupfen. Den Knoblauch schälen und durch die Presse drücken. Das Basilikum mit etwas Salz im Mörser zerreiben. Pfeffer, den Knoblauch und die Pinienkerne dazugeben. Mit dem Stößel zu einer gleichmäßigen Paste zerstoßen. Nach und nach den Käse und tropfenweise das Öl dazugeben. Weiterrühren, bis der »pesto« sämig wird.

7 Die Teigwaren zu den weichen Bohnen in den Topf streuen und ohne Deckel bißfest kochen. Am Ende der Kochzeit den »pesto« unterrühren. Die Minestrone mit Salz und Pfeffer abschmecken und sofort servieren.

TIP!

Servieren Sie zur »Minestrone al pesto« Knoblauchbrot. Dazu Weißbrot toasten oder rösten und kräftig mit einer halbierten Knoblauchzehe eintreiben.

Zuppa pavese

Fleischbrühe mit Brot und Ei

- Gut vorzubereiten
- Gelingt leicht

Für 4 Personen:

1 l entfettete Fleischbrühe
60 g Butter
4 Scheiben Toastbrot
50 g frisch geriebener Parmesan
4 Eier
Salz

Zubereitungszeit: 20 Min.

Pro Person ca.: 1600 kJ/380 kcal
20 g EW/29 g F/11 g KH

1 Die Fleischbrühe fast bis zum Siedepunkt erhitzen. In einer großen Pfanne die Butter heiß, aber nicht braun werden lassen und die Brotscheiben von beiden Seiten goldgelb braten, so daß sie außen knusprig, innen aber noch weich sind.

2 Die gebackenen Toastbrotscheiben auf eine Platte legen. Mit etwas Parmesan bestreuen und in vorgewärmte Suppenteller legen.

3 Je 1 Ei aufschlagen und vorsichtig auf den Toast gleiten lassen, so daß das Eigelb nicht ausläuft. Nicht ganz so original, aber weniger flüssig wird's, wenn Sie die Eier kurz pochieren oder in etwas Butter kurz braten und dann auf den Toast legen. Das Ei leicht salzen und den restlichen Käse darüber streuen.

4 Die kochendheiße Fleischbrühe von der Seite her in den Suppenteller gießen. Die »Zuppa pavese« sofort servieren.

TIP!

Fleischbrühe können Sie leicht selbst zubereiten: 1 Bund Suppengrün, 1 Lorbeerblatt, 2–3 Nelken, 1 Zwiebel, einige Pfefferkörner, etwas Piment, 250 g Suppenrindfleisch (Brust) und 1 knappen EL Salz mit 1 1/4 l kaltem Wasser aufsetzen. Ohne Deckel langsam aufkochen lassen. Den sich bildenden Schaum immer wieder abschöpfen. Dann den Deckel auflegen und mindestens 2 Std. bei schwacher Hitze ziehen lassen.

Pancotto al modo mio

Brotsuppe mit Tomaten

- Braucht etwas Zeit
- Raffiniert

Diese beliebte Suppe ist ein Nachkömmling der toskanischen »Pappa col pomodoro«, eines rustikalen Arme-Leute-Essens. Durch die lange Garzeit und häufiges Rühren verkocht das Brot fast vollständig. Übrig bleibt eine elegante Suppe von cremiger Konsistenz, die sich in jedes Menü einbauen läßt.

Für 4 Personen:

2 Knoblauchzehen
1 Stange Bleichsellerie
1 Bund Petersilie
1 Bund Basilikum
450 g Dosentomaten
6 EL Olivenöl
1 1/2 l Fleisch- oder Knochenbrühe
etwa 150 g altbackenes Weißbrot, in dünne Scheiben geschnitten
Salz
frisch gemahlener schwarzer Pfeffer
60 g frisch geriebener Parmesan

Zubereitungszeit: 2 Std.

Pro Person ca: 1300 kJ/310 kcal
12 g EW/18 g F/24 g KH

1 Die Knoblauchzehen schälen. Den Sellerie putzen und waschen, die Petersilie und das Basilikum abbrausen und trockenschwenken. Alles fein hacken. Die Tomaten mit dem Saft durch ein Sieb passieren.

2 Das Öl in einem Topf heiß werden lassen. Den Knoblauch, den Sellerie, die Petersilie und das Basilikum darin etwa 5 Min. bei schwacher Hitze anbraten, dann die Tomaten dazugeben und alles etwa 15 Min. zugedeckt sanft schmoren lassen.

3 In der Zwischenzeit die Fleisch- oder die Knochenbrühe zum Kochen bringen. Das Brot zum Gemüse geben und unter Rühren kurz andünsten, dann die kochende Brühe zugießen.

4 Die Suppe zugedeckt bei schwacher Hitze etwa 1 Std. 25 Min. kochen lassen. Zwischendurch oft umrühren, damit die Suppe nicht anbrennt. Zum Schluß mit Salz und Pfeffer abschmecken. Mit Parmesan bestreut servieren.

Spaghetti al pesto

Nudeln mit Basilikumsauce

- Raffiniert
- Vegetarisch

»Pesto« ist eine Spezialität aus Ligurien. Dort serviert man dazu hausgemachte »Trenette«, das sind schmale Bandnudeln.

Für 4 Personen:

5 Bund großblättriges Basilikum (ca. 200 g)
4 Knoblauchzehen
Salz
frisch gemahlener weißer Pfeffer
2 EL Pinienkerne
80 g frisch geriebener Pecorino
200 ml Olivenöl
400 g Spaghetti

Zubereitungszeit: 45 Min.

Pro Person ca.: 3800 kJ/900 kcal
19 g EW/60 g F/73 g KH

1 Das Basilikum waschen, trockenschwenken und die Blätter abzupfen. Die Knoblauchzehen schälen und durch die Presse drücken.

2 Das Basilikum mit etwas Salz im Mörser zerreiben. Pfeffer, den Knoblauch und die Pinienkerne dazugeben. Mit dem Stößel zu einer gleichmäßigen Paste zerstoßen. Nach und nach den Käse und tropfenweise das Öl dazugeben und rühren, bis die Sauce cremig wird.

3 Inzwischen die Nudeln in reichlich Salzwasser »al dente« (siehe Seite 19) kochen. Abgießen, dabei etwa 2 EL Kochwasser auffangen.

4 Pesto mit dem Kochwasser verdünnen, dann in einer vorgewärmten Schüssel mit den abgetropften Nudeln verrühren. Sofort servieren.

TIP!

Pesto läßt sich optimal einfrieren. Sie können deshalb gleich größere Mengen zubereiten.

Penne agli asparagi e pomodori

Nudeln mit Spargel und Tomaten

- Gelingt leicht
- Raffiniert

Die Italiener verwenden für dieses Gericht nur die Spargelspitzen.

Für 4 Personen:

1 kg grüner Spargel (mitteldicke Stangen)
450 g Dosentomaten
4 EL Olivenöl
Salz
frisch gemahlener schwarzer Pfeffer
400 g Penne (kurze, abgeschrägte Nudeln)

Zubereitungszeit: 40 Min.

Pro Person ca.: 1600 kJ/380 kcal
19 g EW/60 g F/74 g KH

1 Von den Spargelstangen die oberen 10 cm abschneiden. Die Spargelspitzen waschen, gut abtropfen lassen und in etwa 3 cm lange Stücke schneiden. Dicke Stangen kürzer schneiden, weil sie eine längere Garzeit haben.

2 Die Tomaten in einem Sieb leicht abtropfen lassen und mit einer Gabel grob zerkleinern.

3 In einer Kasserolle das Öl nicht zu stark erhitzen. Den Spargel darin leicht anbraten, dann die Tomaten dazugeben. Mit Salz und Pfeffer abschmecken. Zugedeckt bei schwacher Hitze kochen lassen, bis das Gemüse gar ist. Das dauert etwa 20 Min.

4 Inzwischen die Nudeln in reichlich Salzwasser »al dente« (siehe Seite 19) kochen, abgießen und gut abtropfen lassen.

5 Die Penne in einer vorgewärmten Schüssel mit dem Gemüse vermischen. Zugedeckt 2–3 Min. stehenlassen. Kenner servieren diese Spezialität ohne Käse.

Im Bild vorne:
Spaghetti al pesto
Im Bild hinten:
Penne agli asparagi e pomodori

Spaghetti alla carbonara

Spaghetti mit Speck und Eiersauce

- Preiswert
- Schnell

Wenn unerwartet Besuch kommt, ist diese »pasta« schnell zubereitet und schmeckt jedem.

Für 4 Personen:

400 g Spaghetti
Salz
150 g durchwachsener Räucherspeck
1 Knoblauchzehe
3 EL Schweineschmalz oder Butter
3 Eier
je 50 g frisch geriebener Parmesan und Pecorino
frisch gemahlener weißer Pfeffer

Zubereitungszeit: 30 Min.

Pro Person ca.: 3600 kJ/860 kcal
31 g EW/51 g F/68 g KH

1 In einem großen Topf die Nudeln in reichlich Salzwasser »al dente« (siehe Seite 19) kochen. Inzwischen den Speck in ganz kleine Würfel schneiden. Die Knoblauchzehe schälen und mit einer Gabel leicht zerdrücken.

2 In einer breiten, flachen Kasserolle, die so groß sein soll, daß man darin später auch die Nudeln gut durchmischen kann, das Schmalz oder die Butter erhitzen. Den Speck und den Knoblauch so lange darin braten, bis die Knoblauchzehe rundum gebräunt und der Speck knusprig ist. Dann den Knoblauch entfernen.

3 In einer Schüssel die Eier mit dem Parmesan und dem Pecorino, etwas Salz und reichlich frisch gemahlenem Pfeffer mit einem Schneebesen gut verrühren.

4 Die abgetropften Spaghetti in die Kasserolle geben, mit dem Speck mischen. Die Kasserolle vom Herd nehmen. Die Eiermasse hineinschütten. Rasch und kräftig so lange rühren, bis alle Nudeln mit der Eier-Käse-Creme gleichmäßig überzogen sind.

Tortellini alla panna

Bunte Tortellini
in Sahnesauce

- Gelingt leicht
- Raffiniert

Selbstverständlich können Sie das Gericht auch mit einfachen, bunten Bandnudeln zubereiten.

Für 4 Personen:

1 große Zwiebel
6 Salatblätter
150 g gekochter Schinken mit Fettrand
3 EL Butter
300 g Erbsen (frisch oder tiefgefroren)
Salz
frisch gemahlener weißer Pfeffer
100 g Sahne
400 g bunte Tortellini mit Fleisch-, Spinat- oder Käse-Nuß-Füllung
4 EL frisch geriebener Parmesan

Zubereitungszeit: 40 Min.

Pro Person ca.: 3700 kJ/880 kcal
37 g EW/33 g F/110 g KH

1 Die Zwiebel schälen, in dünne Ringe schneiden. Die Salatblätter waschen, trockenschleudern und in feine Streifen schneiden. Das Schinkenfett abschneiden und ganz fein wiegen, den Schinken in Würfelchen schneiden.

2 Das Schinkenfett in 1 EL Butter so lange bei schwacher Hitze braten, bis es sich aufgelöst hat. Die Zwiebel etwa 5 Min. mitbraten. Die Erbsen dazugeben und alles salzen und pfeffern. Etwas Sahne angießen. Bei schwacher Hitze zugedeckt garen, bis die Erbsen weich sind.

3 In der Zwischenzeit in einem Topf reichlich Wasser mit Salz aufsetzen und zum Kochen bringen. Die Tortellini darin »al dente« (siehe Seite 19) garen.

4 Kurz vor Ende der Garzeit die restliche Butter, den Schinken, die Salatstreifen und die restliche Sahne unter die Erbsen rühren. Nochmals abschmecken. Die abgetropften Tortellini mit dem Käse und der Erbsen-Mischung gut verrühren.

TIP!

Wenn Ihnen die Salatstreifen zu mild sind, nehmen Sie statt dessen in Streifen geschnittenes Basilikum. Und wenn Sie darauf Lust haben: Ein Hauch von Knoblauch schadet nicht!

Spaghetti al gorgonzola

Spaghetti mit Gorgonzolasauce

- Gelingt leicht
- Raffiniert

Für dieses Rezept werden auch Bucatini, Ditali oder Penne verwendet, da diese kurzen Nudeln, die innen hohl sind, die Käsecreme sehr gut aufnehmen.

Für 4 Personen:

400 g Spaghetti
Salz
150–200 g Gorgonzola (je nach Schärfe)
4 frische Salbeiblätter
1 EL Butter
250 g Sahne
frisch gemahlener weißer Pfeffer

Zubereitungszeit: 30 Min.

Pro Person ca.: 3200 kJ/760 kcal
25 g EW/43 g F/69 g KH

1 Die Nudeln in einem großen Topf in reichlich Salzwasser »al dente« (siehe Seite 19) kochen.

2 Inzwischen den Gorgonzola in kleine Würfel schneiden. Die Salbeiblätter waschen und trockentupfen.

3 In einer Pfanne, die so groß sein soll, daß später auch die Nudeln darin Platz haben, die Butter, den Salbei und die Käsewürfel bei schwacher Hitze erwärmen, bis der Käse geschmolzen ist. Langsam unter ständigem Rühren zwei Drittel der Sahne dazugießen. Mit Salz und reichlich Pfeffer würzen. Die Sauce leicht eindicken lassen.

4 Die Nudeln gut abtropfen lassen und in die Pfanne geben. Die restliche Sahne darüber gießen und alles gut durchmischen. Vor dem Servieren die Salbeiblätter entfernen.

VARIANTE

Spaghetti mit Gorgonzola und Mascarpone:
100 g pikanten Gorgonzola mit 200 g Mascarpone, 1 feingehackten Zwiebel und 1 Stange Staudensellerie glatt pürieren. Dabei ganz langsam so viel Milch dazugeben, daß eine dickflüssige Sauce entsteht. Kräftig mit Salz und Peperoncino (kleine, scharfe Pfefferschote) würzen. Die Sauce im Wasserbad erhitzen (nicht aufkochen) und in einer vorgewärmten Servierschüssel gut mit den Nudeln mischen.

Spaghetti aglio e olio

Spaghetti mit Knoblauch und Olivenöl

- Schnell
- Preiswert

Für 4 Personen:

400 g Spaghetti
Salz
4 Knoblauchzehen
1 Bund Petersilie
150 ml kaltgepreßtes Olivenöl
1 kleines Stück Peperoncino (kleine, scharfe Pfefferschote, frisch oder getrocknet)

Zubereitungszeit: 20 Min.

Pro Person ca.: 3000 kJ/710 kcal
15 g EW/43 g F/68 g KH

1 Die Spaghetti in einem großen Topf in reichlich Salzwasser »al dente« (siehe Seite 19) kochen.

2 Die Knoblauchzehen schälen, durch die Knoblauchpresse drücken oder fein hacken. Die Petersilie waschen, trockenschwenken und die Blätter fein hacken.

3 In einer kleinen Pfanne das Olivenöl mit Knoblauch, Petersilie und Peperoncino bei schwacher Hitze erwärmen, etwa 3 Min. ziehen lassen. Nach Belieben salzen.

4 Die Nudeln in ein Sieb schütten, gut abtropfen lassen und in eine vorgewärmte Schüssel geben.

5 Peperoncino-Stückchen aus der Sauce entfernen. Die Spaghetti mit der Sauce mischen und sofort servieren.

Im Bild vorne:
Spaghetti aglio e olio
Im Bild hinten:
Spaghetti al gorgonzola

Lasagne al forno alla bolognese

Bologneser Auflauf aus Nudelblättern

● Braucht etwas Zeit
● Gut vorzubereiten

Für 4 Personen:

Für das Ragout:
1 Zwiebel
1 Möhre
1 Stange Bleichsellerie
80 g durchwachsener Räucherspeck
300 g gemischtes Hackfleisch
40 g Butter
100 ml trockener Rotwein
150 ml Fleischbrühe
1 EL Tomatenmark
Salz
frisch gemahlener schwarzer Pfeffer
1 Gewürznelke
1 Lorbeerblatt
150 ml kochende Milch
Für die Béchamelsauce:
50 g Butter
50 g Mehl
1/2 l Milch
Salz
frisch gemahlener weißer Pfeffer
Außerdem:
400 g Lasagneblätter
Salz • 150 g Mozzarella
120 g frisch geriebener Parmesan
50 g Butter, in Flöckchen
Für die Form:
Butter

Zubereitungszeit: 2 Std.
Backzeit: 20–30 Min.

Pro Person ca.:
5600 kJ/1300 kcal
61 g EW/80 g F/88 g KH

1 Die Zwiebel schälen. Die Möhre und den Sellerie putzen. Das Gemüse mit dem Speck zusammen fein hacken und in einer Schüssel mit dem Hackfleisch vermischen.

2 In einer Kasserolle die Butter erhitzen, Fleisch und Gemüse hinzufügen, unter ständigem Rühren braten, bis das Fleisch leicht gebräunt ist. Den Rotwein und, sobald er verdampft ist, zwei Drittel der Brühe angießen und verdampfen lassen.

3 Das Tomatenmark mit der restlichen Brühe verrühren, in die Kasserolle geben. Mit Salz, Pfeffer, der Gewürznelke und dem Lorbeerblatt würzen. Die Milch dazugießen. Zugedeckt bei ganz schwacher Hitze etwa 1 1/2 Std. köcheln lassen, bis die Flüssigkeit verdampft ist. Danach die Nelke und das Lorbeerblatt aus dem Ragout entfernen.

4 Für die Sauce Butter zerlassen, Mehl bei schwacher Hitze unterrühren und langsam die Milch zugießen. Dabei mit dem Schneebesen kräftig schlagen. Salzen, pfeffern und kurz aufkochen lassen. Die Sauce darf nicht zu dick werden, sonst etwas Milch zugießen.

5 In einem großen Topf die Lasagneblätter in viel Salzwasser portionsweise »al dente« (siehe Seite 19) kochen und auf einem Küchentuch auslegen. Den Mozzarella gut abtropfen lassen, in Würfel schneiden. Den Backofen auf 200° vorheizen. Eine rechteckige Auflaufform gründlich mit Butter einfetten.

6 Die Form mit einer Lage Lasagneblätter auslegen. Zuerst Ragout und dann Béchamelsauce darüber verteilen. Einige Mozzarellawürfel und etwas Parmesan darüber streuen. Lagenweise Lasagneblätter und die weiteren Zutaten einfüllen. Mit Béchamelsauce, Mozzarella und Parmesan abschließen. Die Butterflöckchen gleichmäßig darüber verteilen und im Backofen (Mitte, Umluft 180°) je nach Höhe der Lasagne 20–30 Min. backen.

VARIANTE

Pasta alla bolognese:
Das Ragout für diese Lasagne ist als »ragù alla bolognese« überall in Italien bekannt und sehr beliebt. Wenn Ihnen die Zeit mal nicht reicht, eine komplette Lasagne »aufzubauen«, essen Sie das Ragout einfach mit Pasta! Dazu 400 g Spaghetti, Bandnudeln oder eine beliebige Nudelsorte in einem Topf mit reichlich Salzwasser »al dente« kochen. Die Nudeln in vorgewärmten Tellern verteilen, das Fleischragout darübergeben. Das Gericht mit reichlich frisch geriebenem Parmesan bestreut servieren.

Risotto alla golosa

Risotto mit Fleisch
und Gemüse

● Braucht etwas Zeit
● Raffiniert

Für 4 Personen:

2 Zwiebeln
2 rote Paprikaschoten
250 g Kalbsschulter ohne Knochen
2 EL Olivenöl • 2 EL Butter
Salz
frisch gemahlener weißer Pfeffer
etwa 1 l Knochen- oder Gemüsebrühe
300 g Rundkornreis (Arborio)
150 g Erbsen (frisch oder tiefgefroren)
1 Briefchen Safranpulver
60 g frisch geriebener Parmesan

Zubereitungszeit: 1 1/4 Std.

Pro Person ca.: 2100 kJ/500 kcal
28 g EW/17 g F/68 g KH

1 Zwiebeln fein würfeln. Die Paprika putzen, vierteln und in schmale Streifen schneiden.

2 Das Fleisch kurz waschen, trockentupfen und in 1 cm große Würfel schneiden.

3 In einer Kasserolle das Olivenöl mit der Hälfte der Butter erhitzen. Die Zwiebeln mit dem Fleisch darin so lange bei mäßiger Hitze braten, bis das Fleisch rundum leicht Farbe bekommt. Die Zwiebeln sollten dabei nicht braun werden. Dann die Paprikastreifen dazugeben, mit Salz und Pfeffer würzen, 2–3 EL Brühe angießen und alles zugedeckt bei schwacher Hitze etwa 15 Min. dünsten. Inzwischen die Brühe zum Kochen bringen.

4 Den Reis unter Gemüse und Fleisch mischen, etwa 5 Min. ziehen lassen, bis die Flüssigkeit aufgesogen ist. 2 Tassen kochende Brühe angießen. Ohne Deckel bei mittlerer Hitze einkochen lassen, dabei ab und zu umrühren. Die Erbsen untermischen. Nach und nach kochende Brühe zugießen, bis der Risotto gar ist. Das dauert etwa 20 Min. Er darf dabei nicht zu trocken werden (siehe Seite 19).

5 Kurz vor Ende der Garzeit den Risotto nochmals mit Salz und Pfeffer abschmecken. Den Safran mit etwas Brühe verrühren und mit der restlichen Butter unter den Reis mischen. Den Käse extra dazu reichen.

Risi e verza

Wirsingrisotto

● Preiswert
● Vegetarisch

Für 4 Personen:

1 kleiner Wirsing (etwa 600 g)
2 Knoblauchzehen
80 g Butter
etwa 1 l Fleischbrühe
300 g Rundkornreis (Arborio)
Salz
frisch gemahlener schwarzer Pfeffer
100 g frisch geriebener Parmesan

Zubereitungszeit: 1 Std.

Pro Person ca.: 2300 kJ/550 kcal
20 g EW/250 g F/66 g KH

1 Den Wirsing putzen und die Blätter in feine Streifen schneiden. Die Knoblauchzehen schälen und durchpressen.

2 In einer Kasserolle die Hälfte der Butter schmelzen lassen, den Knoblauch darin bei schwacher Hitze anbraten (er darf dabei nicht braun werden). Die Wirsingstreifen dazugeben, 2–3 EL Brühe angießen und zugedeckt in 10–15 Min. bei schwacher Hitze knapp garen.

3 Die Brühe aufkochen. Den Reis unter den Wirsing mischen, 2–3 Min. anziehen lassen. 2 Tassen kochende Brühe angießen.

4 Die Flüssigkeit offen bei mittlerer Hitze einkochen lassen, ab und zu umrühren. Nach und nach kochende Brühe dazugießen, bis der Risotto gar ist. Das dauert etwa 20 Min. Er darf dabei nicht zu trocken werden (siehe Seite 19).

5 Wirsingrisotto mit Salz und Pfeffer würzen. Vor dem Servieren die restliche Butter und die Hälfte des Parmesans untermischen. Den restlichen Käse extra dazu reichen.

Im Bild vorne: Risotto alla golosa
Im Bild hinten: Risi e verza

Gnocchi di patate

Kartoffelgnocchi

● Raffiniert
● Vegetarisch

Für 4–6 Portionen:

Für den Teig:
1 kg Kartoffeln (mehligkochende Sorte)
Salz
etwa 250 g Mehl
Für die Sauce:
750 g reife Tomaten
1 Zwiebel • 2 EL Butter
Salz • Pfeffer
frischer Salbei
Zum Bestreuen:
50 g frisch geriebener Parmesan

Zubereitungszeit: 1 Std.

Bei 6 Portionen pro Portion:
960 kJ/230 kcal
8 g EW/6 g F/35 g KH

1 Für den Teig die Kartoffeln waschen und in Salzwasser weichkochen.

2 Für die Sauce die Tomaten kurz überbrühen, kalt abschrecken und enthäuten. Fruchtfleisch entkernen und kleinhacken. Die Zwiebel fein würfeln, in 1 EL zerlassener Butter andünten. Tomaten unterrühren, salzen und pfeffern, langsam zu einer sämigen Sauce köcheln lassen.

3 Kartoffeln pellen und noch heiß durch die Kartoffelpresse auf die leicht bemehlte Arbeitsplatte drücken. Das Kartoffelpüree leicht salzen, nach und nach soviel Mehl unterkneten, bis ein glatter Teig entstanden ist. Die Menge des benötigten Mehls hängt von der Kartoffelsorte ab – der Teig soll nicht mehr an den Fingern kleben.

4 Gnocchiteig auf etwas Mehl zu fingerdicken Röllchen drehen. 2–3 cm lange Stücke abschneiden. Mit einer Gabel Muster in den Teig drücken.

5 Gnocchi nach und nach in kochendes Salzwasser geben, bei geringerer Temperatur etwa 4 Min. garziehen lassen. Ab und zu vorsichtig umrühren, damit die Klößchen nicht aneinander kleben bleiben. Sobald die Gnocchi oben schwimmen, mit dem Schaumlöffel herausnehmen und gut abtropfen lassen.

6 Salbeiblättchen in 1 EL heißer Butter zart anbraten. Gnocchi in der Salbeibutter schwenken, mit Tomatensauce servieren. Mit Parmesan bestreuen.

Gnocchi di polenta al gorgonzola

Polentagnocchi mit Gorgonzola

- Gut vorzubereiten
- Raffiniert

Für 4 Personen:

1 1/4 l Wasser
1 EL Salz
350 g Maisgrieß, möglichst grob gemahlen
180 g Gorgonzola
100 g gekochter Schinken
100 g Butter
100 g frisch geriebener Parmesan
gehackte Kräuter
4–5 EL Sahne
Für die Form:
Butter

Zubereitungszeit: 1 1/4 Std.
Backzeit: 30 Min.

Pro Person ca.: 3600 kJ/860 kcal
31 g EW/52 g F/65 g KH

1 In einem hohen Topf das Wasser mit dem Salz aufkochen.

2 Den Maisgrieß unter ständigem Rühren mit dem Schneebesen so langsam einlaufen lassen, daß dabei keine Klumpen entstehen. Dann etwa 45 Minuten bei schwacher Hitze kochen, dabei immer wieder mit einem Kochlöffel umrühren, damit der Grieß nicht anbrennt. Er soll gut ausquellen, damit ein fester Brei entsteht.

3 Eine flache Auflaufform mit Butter ausstreichen. Den Gorgonzola und den Schinken klein würfeln. Den Backofen auf 200° vorheizen.

4 Mit einem nassen Eßlöffel »gnocchi« aus dem Maisbrei stechen und in die gebutterte Form geben. Mit den Gorgonzolawürfeln und Schinken bestreuen, Butterflöckchen dazwischensetzen und den Parmesan darüber streuen. Mit Kräutern bestreuen. Sahne darüber träufeln.

5 Im Backofen (Mitte, Umluft 180°) schön braun backen. Das dauert etwa 30 Min.

VARIANTE

Polentaschnitten: Polenta schmeckt ohne Gorgonzola und Schinken auch gut als Beilage. Dafür den Polenta-Brei auf einem Küchenbrett glattstreichen und zugedeckt kurz ruhen lassen. Dann in Scheiben schneiden und in Butter ausbraten!

Secondi Piatti (Hauptgerichte)

In der italienischen Sprache gibt es das Wort »campanilismo«. Es bedeutet, daß jeder Bürger stolz ist auf den Kirchturm seiner Vaterstadt und diese für so schön hält, daß sich keine andere mit ihr messen kann. Obwohl die alten Stadtstaaten schon vor mehr als 100 Jahren zu einem Königreich zusammengeschlossen wurden, sind die regionalen Unterschiede auch heutzutage noch sehr groß. Dieser »Kleinpatriotismus« mag manchmal den Politikern das Leben sauer machen, auf die italienische Küche hat er sich jedoch sehr positiv ausgewirkt. Bis heute wird in der Familie nach alter Tradition gekocht. Die Bewohner der einzelnen Regionen schwören auf die Güte ihrer bodenständigen Gerichte, während sie die der Nachbarn konsequent ablehnen. Welche Gerichte die besten sind, darüber wird allerorten heftig gestritten. So hat sich in Italien auf dem kulinarischen Sektor eine Vielfalt entwickelt und erhalten, wie sie kaum ein anderes Land aufzuweisen hat.

Eine typische Trattoria auf der »Piazza Navona« in Rom.

Geschmort und gebraten: Fleisch

Eine italienische »mamma« hatte früher oft viele hungrige Mäuler zu stopfen, denn um den großen Familientisch versammelten sich nicht nur zahlreiche »bambini«, sondern auch die Großeltern und mindestens eine ledige Tante oder ein anderer Verwandter. So galt es, sich immer neue Möglichkeiten ausdenken, um mit wenig Fleisch die große Familie satt zu bekommen. Dadurch entstanden in den verschiedenen Regionen die köstlichen Ragouts aus Geflügel, Kaninchen und Lamm, aber auch die »stufati« und »brassati«, die Schmorbraten. Kartoffeln, Reis oder Nudeln als Beilage sind in Italien weniger populär. Meistens nimmt der Italiener Weißbrot zum Fleisch und wählt frischen Salat oder Gemüse als Beilage.

Vielfältig: Fisch und Meeresfrüchte

In Italien weiß man gut mit »frutti di mare« (Meeresfrüchten) umzugehen. Die vielen fabelhaften Gerichte mit Fisch und sonstigem Meeresgetier verdanken ihren guten Ruf bei den Feinschmekkern nicht nur dem Wohlgeschmack, sondern auch der Vielfalt der frischen Meeresfrüchte, die überall auf den regionalen Fischmärkten in bunter Fülle angeboten werden. Weil aber hierzulande nicht jeder einen guten Fischhändler in der Nähe hat, sind die Rezepte in diesem Buch so ausgewählt, daß sie auch gut mit Tiefkühlfisch zubereitet werden können.

Reichlich Kräuter

Ohne Würzkräuter ist die italienische Küche nicht denkbar. Man holt sie möglichst frisch vom nächsten Markt. Majoran, Thymian, Oregano, Rosmarin und Salbei behalten ihren Geschmack aber auch im getrockneten Zustand. Eine aromatische Alternative sind gefriergetrocknete Kräuter, die es in Gläsern im Supermarkt zu kaufen gibt. Daß durch lange Garzeiten die Vitamine verloren gehen, stört den italienischen Koch nur wenig. Frische Salate und viel Obst zum Nachtisch gleichen den Verlust spielend aus.

Weil Italien rundherum vom Meer umgeben ist, gibt es überall ein großes Angebot an frischen Fischen.

Coniglio alla piacentina

Kaninchen mit Wein und Nüssen

- Braucht etwas Zeit
- Raffiniert

Typisch italienisch ist die »gremolata«, eine Mischung aus gehackten und feingeschnittenen Kräutern, Zitronenschale und durchgepreßtem Knoblauch. Diese hier bekommt durch gehackte Walnüsse noch einen nussigen Touch. Die »gremolata« wird entweder kurz mitgegart wie hier bei dem Kaninchen oder über das fertige Gericht gestreut.

Für 4 Personen:

1 küchenfertiges Kaninchen (vom Metzger in 8–10 Teile tranchiert)
3–4 reife Fleischtomaten
70 g gut durchwachsener Räucherspeck
3 EL Olivenöl
1/4 l trockener Weißwein
Salz
frisch gemahlener schwarzer Pfeffer
1 Bund Petersilie
1 Zweig Rosmarin
1/2 kleine, unbehandelte Zitrone
1 Knoblauchzehe
8–10 Walnußkerne

Zubereitungszeit: 1 3/4 Std.

Pro Person ca.: 2665 kJ/640 kcal
64 g EW/36 g F/5 g KH

1 Kaninchen waschen und dabei alle Knochensplitter sorgfältig entfernen. Die Kaninchenstücke mit Küchenpapier trockentupfen.

2 Die Tomaten kreuzweise einschneiden, mit kochendem Wasser überbrühen, kurz darin ziehen lassen und häuten. Halbieren und dabei die Stielansätze und die Kerne entfernen. Die Tomaten kleinhacken.

3 Den Räucherspeck von der Schwarte befreien und in feine Würfel schneiden.

4 In einer großen Kasserolle das Olivenöl erhitzen. Speckwürfel und die Kaninchenteile hinzufügen und das Fleisch bei mittlerer Hitze rundherum goldbraun braten.

5 Den Wein angießen und zur Hälfte eindampfen lassen, dabei die Fleischstücke mehrmals wenden. Das Kaninchen mit Salz und Pfeffer würzen. Die kleingehackten Tomaten dazugeben, zugedeckt bei schwacher Hitze etwa 45 Min. schmoren lassen.

6 Inzwischen die Petersilie und den Rosmarinzweig waschen und trockenschwenken. Die Rosmarinnadeln abzupfen. Die Zitrone warm abwaschen und ganz dünn schälen.

7 Die Kräuter und die Zitronenschale möglichst fein schneiden oder wiegen. Die Knoblauchzehe schälen und durch die Presse drücken. Die Walnußkerne mit einem großen Messer oder im Blitzhacker kleinhacken.

8 Die Kräuter, die Zitronenschale, den Knoblauch und die Walnüsse vermischen. Etwa 10 Min. vor Ende der Garzeit diese »gremolata« unter die Sauce rühren. Bei schwacher Hitze das »Coniglio alla piacentina« ziehen lassen, bis es gar ist.

9 Die gegarten Kaninchenteile mit der Sauce auf einer vorgewärmten Servierplatte anrichten und mit Weißbrot oder Polentaschnitten (siehe Variante Seite 35) und Salat servieren.

VARIANTE

Kaninchen in Tomatensauce: Die Kaninchenteile in 1 EL Butter und 3 EL Olivenöl anbraten. 2 Knoblauchzehen schälen und durch die Presse drücken. 1 TL Rosmarinnadeln und 4 Salbeiblätter jeweils fein hacken. Den Knoblauch, die Kräuter und 1 Lorbeerblatt zu den angebratenen Kaninchenteilen geben, alles etwa 5 Min. mitbraten. Mit Salz, Pfeffer und Muskat würzen, 1/8 l Rotwein angießen und verdampfen lassen. 500 g passierte Tomaten und 3 EL Pinienkerne hinzufügen. Zugedeckt bei schwacher Hitze garen.

TIP!

Wenn Sie, zum Beispiel im Winter, keine aromatischen Tomaten bekommen, nehmen Sie Pizzatomaten aus der Dose.

Ossobuco alla bolognese

Kalbshaxe nach Bologneser Art

- Braucht etwas Zeit
- Gut vorzubereiten

Für 4 Personen:

1 Zwiebel
1 Knoblauchzehe
500 g Dosentomaten
4 Portionsscheiben Kalbshaxe (je etwa 4 cm dick)
50 g Butter
Salz
frisch gemahlener weißer Pfeffer
1 Prise frisch geriebene Muskatnuß
1 Prise gemahlene Nelken
6–9 EL trockener Marsala
1/8 l Fleischbrühe

Zubereitungszeit: 2 3/4 Std.

Pro Person ca.: 1700 kJ/400 kcal 54 EW/15 g F/9 g KH

1 Die Zwiebel, den Knoblauch und die Tomaten fein hacken.

2 Kalbshaxenscheiben waschen und mit Küchenpapier trockentupfen. In einer Pfanne (die Fleischscheiben müssen nebeneinander darin Platz haben) die Butter erhitzen. Die Zwiebel und den Knoblauch bei mittlerer Hitze leicht anbraten, das Fleisch dazugeben, mit Salz, Pfeffer, dem Muskat und dem Nelkenpulver würzen und von beiden Seiten leicht anbraten.

3 Den Marsala angießen und bei mittlerer Hitze fast ganz verdampfen lassen, dabei die Fleischstücke mehrmals wenden. Die Tomaten dazugeben. Die Fleischstücke sollten ganz bedeckt sein. Bei Bedarf etwas Brühe angießen. Zugedeckt bei schwacher Hitze in etwa 2 Std. garen. Dazu passen Bandnudeln.

VARIANTE

Ossobuco alla milanese:
Eine in Ringe geschnittene Zwiebel in 50 g Butter braun braten, aus der Pfanne nehmen. Die leicht bemehlten Fleischscheiben auf beiden Seiten kurz anbraten. Die Zwiebelringe, 2 gehäutete, kleingehackte Tomaten und 6–9 EL Weißwein hinzufügen. Salzen und pfeffern. Bei schwacher Hitze garen, ab und zu wenden. Die Schale von 1 Zitrone, 2 Sardellenfilets und 1 Bund Petersilie ganz fein hacken, in der Sauce etwa 10 Min. ziehen lassen.

Fegato di vitello al vino

Kalbsleber in Rotwein-sauce

- Kalorienarm
- Raffiniert

Für 4 Personen:

1 große, weiße Zwiebel
70 g Räucherspeck
1 Knoblauchzehe
1 Bund Petersilie
500 g Kalbsleber am Stück
2 EL Mehl
50 g Butter
100 ml trockener Rotwein
Salz
frisch gemahlener schwarzer Pfeffer

Zubereitungszeit: 50 Min.

Pro Person ca.: 1600 kJ/380 kcal
27 g EW/24 g F/10 g KH

1 Die Zwiebel schälen und in dünne Ringe schneiden. Vom Speck die Schwarte wegschneiden und den Speck fein würfeln. Den Knoblauch schälen und mit der Petersilie zusammen fein hacken.

2 Die Kalbsleber kurz kalt waschen, mit Küchenpapier trockentupfen, mit einem scharfen Messer von harten Strängen und Häutchen befreien. Fleisch in 1/2 cm dicke Scheiben schneiden und leicht mit dem Mehl bestäuben.

3 In einer Pfanne die Butter bei schwacher Hitze heiß werden lassen. Den Knoblauch, die Petersilie und den Speck etwa 5 Min. darin anbraten, dann die Zwiebelringe dazugeben und bei schwacher Hitze langsam weich braten. Den Rotwein angießen und bei starker Hitze verdampfen lassen, so daß nur noch wenig Sauce übrigbleibt.

4 Die Leberscheiben dazugeben, umrühren und 3–4 Min. zugedeckt bei schwacher Hitze ziehen lassen. Mit Salz und Pfeffer würzen und sofort servieren. Als Beilage schmeckt Polenta (Rezept Seite 35).

Vitello tonnato

Kalbfleisch mit Thunfischsauce

● Gut vorzubereiten
● Raffiniert

Ein nobles Gericht, das nicht nur als Hauptgericht an heißen Sommertagen beliebt ist, sondern auch als Vorspeise.

Für 4 Personen:

2 Möhren
2 Stangen Bleichsellerie
1 Zwiebel
750 g Kalbfleisch (aus der Nuß)
2 Lorbeerblätter
2 Gewürznelken
etwa 1 l trockener Weißwein
Salz
frisch gemahlener weißer Pfeffer
150 g Thunfisch in Öl (Nettoeinwaage)
3–4 Sardellenfilets
50 g Kapern
50 g Cornichons
2 Eigelb
Saft von 1 Zitrone
8 EL kaltgepreßtes Olivenöl
1 Bund krause Petersilie
1 Zitrone
Außerdem:
1 Stück Gaze oder Baumwolltüll

Zubereitungszeit: 2 Std.
Marinierzeit: über Nacht
Kühlzeit: 5–6 Stunden

Pro Person ca.: 200 kJ/520 kcal
53 g EW/31 g F/6 g KH

1 Die Möhren schälen und waschen. Die Selleriestangen putzen, eventuell die Fäden abziehen und waschen. Die Zwiebel schälen. Die Möhren, den Sellerie und die Zwiebel in dünne Scheiben schneiden.

2 Das Fleisch kurz abbrausen, trockentupfen, mit dem Gemüse, den Lorbeerblättern und den Gewürznelken in eine Schüssel geben. Mit dem Weißwein begießen und zugedeckt über Nacht marinieren lassen.

3 Am nächsten Tag das Fleisch fest in ein Stück Gaze oder Baumwolltüll einrollen und mit einem Faden an mehreren Stellen umbinden, damit es beim Kochen die Form behält.

4 Das Fleisch in eine Kasserolle mit Deckel geben, die gerade so groß sein soll, daß das Fleisch darin Platz hat. In einem anderen Topf die Marinade aufkochen und über das Fleisch gießen. Es soll gut mit Flüssigkeit bedeckt sein. Falls nötig, kochendes Wasser nachgießen. Mit Salz und Pfeffer würzen. Bei schwacher Hitze zugedeckt so lange leise sieden lassen, bis das Fleisch gar, aber noch fest ist. Das dauert etwa 1 1/4 Std. Anschließend in der Brühe auskühlen lassen.

5 Inzwischen den Thunfisch, die Sardellenfilets, die Kapern und die Cornichons ganz fein hacken (das geht am besten mit dem Blitzhacker).

6 Die Eigelbe und den Zitronensaft mit dem Handrührgerät schaumig rühren, dann tropfenweise das Öl dazufließen lassen und so lange rühren, bis eine cremige Sauce entsteht.

7 Die feingehackten Zutaten untermischen und so viel Kochflüssigkeit einrühren, daß die Sauce wie Sahne fließt. Mit Salz und Pfeffer abschmecken.

8 Das Fleisch auswickeln, mit Küchenpapier abtrocknen und mit einem scharfen Messer in etwa 3 mm dünne Scheiben schneiden. Auf einer Platte anrichten.

9 Die Sauce nochmals gut durchrühren, dann gleichmäßig über dem Fleisch verteilen. Die Platte mit Klarsichtfolie bedecken und 5–6 Std. kühl stellen.

10 Die Petersilie waschen und von den groben Stielen befreien. Die Zitrone abwaschen und in Scheiben schneiden. Das Vitello tonnato zuletzt mit der Petersilie und den Zitronenscheiben garnieren.

TIP!

Fehlt die Zeit zum Marinieren, kann man das Fleisch mit den Gemüsen, den Gewürzen und dem Wein auch sofort aufsetzen. Dann genügt es, das Gemüse grob zu zerkleinern.

Agnella alla reggiana

Mariniertes Lammragout

- Gut vorzubereiten
- Braucht etwas Zeit

Für 4 Personen:

- **1 kg Lammschulter (vom Metzger in Ragoutstücke gehackt)**
- **1 TL frische Rosmarinnadeln**
- **5 frische Salbeiblätter**
- **2 Knoblauchzehen**
- **10 Wacholderbeeren**
- **6 EL Olivenöl**
- **Saft von 1 Zitrone**
- **1 EL aromatischer Weinessig**
- **Salz**
- **frisch gemahlener schwarzer Pfeffer**
- **1/8 l trockener Weißwein**

Zubereitungszeit: 1 1/2 Std.
Marinierzeit: 3 Std.

Pro Person ca.: 3000 kJ/710 kcal
45 g EW/57 g F/2 g KH

1 Das Fleisch gründlich waschen, dabei alle Knochensplitter sorgfältig entfernen. Dann mit Küchenpapier trockentupfen.

2 Die Rosmarinnadeln und die Salbeiblätter waschen, trockentupfen und fein hacken. Die Knoblauchzehen mit den Wacholderbeeren zerdrücken. Alles mit dem Olivenöl, dem Zitronensaft, dem Weinessig, Salz und Pfeffer zu einer Marinade verrühren.

3 Die Fleischstücke in der Marinade wenden und mindestens 3 Std. darin marinieren. Das Fleisch ab und zu wenden.

4 Den Backofen auf 180° vorheizen. Das Fleisch mit der Marinade in eine Kasserolle geben. Mit einem Deckel oder Alufolie fest verschließen, im Backofen (Mitte, Umluft 160°) etwa 45 Min. schmoren lassen.

5 Dann den Wein angießen. Offen so lange garen, bis beinahe keine Flüssigkeit mehr in der Kasserolle übrig bleibt und das Fleisch leicht gebräunt ist. Mit Weißbrot oder Kartoffeln servieren.

Saltimbocca alla romana

Kalbsschnitzel mit Schinken und Salbei

- Schnell
- Gelingt leicht

»Spring in den Mund« heißt »saltimbocca« wörtlich übersetzt.

Für 4 Personen:

500 g Kalbsnuß
Salz
Pfeffer
100 g gut durchwachsener roher Schinken in 4 Scheiben
8 frische Salbeiblätter
50 g Butter
150 ml trockener Weißwein
Außerdem:
Zahnstocher

Zubereitungszeit: 20 Min.

Pro Portion ca.: 1425kJ/340 kcal
30 g Ew/21 g F/1 g KH

1 Das Kalbfleisch in 8 handtellergroße, gleichdicke Schnitzel schneiden, diese leicht klopfen, mit Salz und Pfeffer würzen, mit je einer halben Schinkenscheibe und einem Salbeiblatt belegen, zusammenklappen und mit einem Zahnstocher feststecken.

2 In einer Pfanne, die so groß ist, daß alle Schnitzel darin Platz haben, 30 g Butter erhitzen, die Schnitzel von beiden Seiten goldgelb braten, herausnehmen, die Zahnstocher entfernen, warm stellen.

3 Den Weißwein in die Pfanne gießen, bei guter Hitze fast ganz einkochen lassen. Den Bratenfond mit einem Kochlöffel vom Boden lösen. Die restliche Butter unterrühren.

4 Die Sauce über die Schnitzel geben und sofort servieren. Dazu passen Bandnudeln.

VARIANTE

Saltimbocca alla marchigiana: Wenn Sie die Kalbsschnitzel mit je einer Scheibe magerem Speck und durchwachsenem Rohschinken belegen, zusammenrollen und in Schweineschmalz braten, nennt sich das Gericht »saltimbocca alla marchigiana«. Es kann mit oder ohne Salbei zubereitet werden.

Trote alla rustica

Forellen in pikanter Sauce

- Kalorienarm
- Gut vorzubereiten

Für 4 Personen:

4 küchenfertige Forellen (etwa 800 g)
1 Zwiebel
2 Möhren
1 Stange Bleichsellerie
1 Bund Petersilie
250 g Dosentomaten
50 g Butter
1 EL Olivenöl
6–9 EL trockener Weißwein
1 EL Kapern
Salz
frisch gemahlener schwarzer Pfeffer
1 Lorbeerblatt

Zubereitungszeit: 1 Std.

Pro Person ca.: 1500 kJ/360 kcal
41 g EW/17 g F/8 g KH

1 Die Forellen vorsichtig innen und außen unter fließendem Wasser waschen und mit Küchenpapier trockentupfen.

2 Die Zwiebel schälen und ganz fein würfeln. Die Möhren waschen und schälen. Die Selleriestange putzen, eventuell die Fäden abziehen, waschen und trockentupfen. Möhren und Sellerie sehr fein würfeln. Die Petersilie waschen und trockenschwenken. Die Petersilienblättchen fein hacken.

3 Die Tomaten in ein Sieb gießen und abtropfen lassen, dann durch ein Sieb passieren.

4 In einer flachen Kasserolle (sie muß so groß sein, daß die Forellen darin nebeneinander Platz haben) 40 g Butter und das Olivenöl erhitzen. Das kleingehackte Gemüse und die Petersilie darin bei mittlerer Hitze 10 Min. unter ständigem Rühren braten.

5 Die Forellen nebeneinander in die Kasserolle legen und mit dem Weißwein begießen. Die Flüssigkeit bei starker Hitze im offenen Kochtopf etwa zur Hälfte eindampfen lassen. Zwischendurch die Forellen immer wieder damit beträufeln.

6 Die Kapern kleinhacken. Die Fische mit Salz und Pfeffer würzen. Das Lorbeerblatt, die Kapern und die passierten Tomaten in die Kasserolle geben. Die Fische zugedeckt bei schwacher Hitze 15–20 Min. garen, dabei ab und zu mit der Sauce begießen.

7 Die Fische aus der Kasserolle heben und auf einer vorgewärmten, tiefen Platte warm halten.

8 Die restliche Butter unter die Sauce rühren. Dann die Sauce durch ein Sieb passieren, kurz erhitzen und mit Salz und Pfeffer abschmecken. Sollte sie zu flüssig sein, bei starker Hitze etwas einkochen lassen. Die Sauce zum Schluß über die Fische gießen.

VARIANTEN

Forelle mit Basilikum und Minze: Statt der Petersilie je 1 EL feingehackte Basilikum- und Pfefferminzeblättchen nehmen. Die Hälfte davon in der Sauce mitkochen. Den Rest und 1 EL Butter unmittelbar vor dem Servieren unter die Sauce rühren. Diese Variante ohne Kapern und Lorbeerblatt zubereiten.

Trote in umido: 1 durchgepreßte Knoblauchzehe und 1/2 Bund feingehackte Petersilie in 2 EL Olivenöl andünsten. 500 g gewürfelte Tomaten zugeben und ca. 20 Min. einköcheln lassen. Forellen in die Sauce legen und zugedeckt 15–20 Min. garen.

TIP!

Am besten schmecken die »Trote alla rustica« mit frischem Baguette. Brechen Sie es in grobe Stücke, um die köstliche Sauce damit aufzutunken. Kartoffelfans können aber auch Butterkartöffelchen dazu servieren. Greifen Sie für dieses Rezept ruhig auf tiefgekühlte Forellen zurück. Durch das relativ lange Köcheln bei schwacher Hitze bekommt das Fischfleisch ein feines Aroma.

Calamari all'amalfitana

Tintenfische nach Amalfiart

● Braucht etwas Zeit
● Kalorienarm

Für 4 Personen:

800 g küchenfertige TK-Calamari
75 g Sultaninen
1 Bund Petersilie
2 Knoblauchzehen
500 g Dosentomaten
75 g Pinienkerne
5 EL Olivenöl
1/8 l trockener Weißwein
Salz
1 Prise gemahlener Peperoncino (kleine, scharfe Pfefferschote)

Zubereitungszeit: 1 1/2 Std.

Pro Person ca. 1900 kJ/450 kcal
35 g EW/23 g F/21 g KH

1 Die Tintenfische auftauen lassen, kurz abbrausen, trockentupfen und anschließend in Streifen schneiden.

2 Die Sultaninen in einer großen Tasse etwa 15 Min. in lauwarmem Wasser einweichen, dann ausdrücken.

3 Die Petersilie waschen, trockenschwenken und fein hacken. Den Knoblauch schälen und ebenfalls fein hacken. Die Tomaten in einem Sieb leicht abtropfen lassen (den Saft auffangen) und durch das Sieb passieren. Die Pinienkerne kleinhacken.

4 Das Öl erhitzen, den Knoblauch und die Petersilie bei schwacher Hitze etwa 5 Min. anbraten. Die Tintenfische dazugeben, umrühren und nach etwa 5 Min. den Wein angießen. Bei starker Hitze verdampfen lassen. Die Tomaten dazugeben, mit Salz und dem Peperoncino würzen.

5 Die Calamari bei schwacher Hitze mindestens 60 Min. zugedeckt garen. Bei Bedarf etwas Tomatensaft angießen. Machen Sie die Bißprobe, denn die Garzeit hängt von der Qualität der Tintenfische ab. Etwa 10 Min. vor Ende der Garzeit die Sultaninen und die Pinienkerne untermischen.

Rombo al forno

Heilbuttscheiben aus dem Backofen

● Gelingt leicht
● Raffiniert

Für 4 Personen:

1 große, weiße Zwiebel
1 Bund Petersilie
4 Scheiben Heilbutt (je etwa 250 g)
1/2 unbehandelte Zitrone
4 EL Butter
Salz
frisch gemahlener weißer Pfeffer
1 EL Kapern
200 g Sahne
2 EL Semmelbrösel

Zubereitungszeit: 1 Stunde

Pro Person ca.: 2100 kJ/500 kcal
49 g EW/31 g F/10 g KH

1 Die Zwiebel in dünne Ringe schneiden. Die Petersilie fein hacken. Den Fisch waschen und trockentupfen. Die Zitrone dünn schälen, die Schale fein schneiden. Den Backofen auf 200° vorheizen.

2 Auf der Herdplatte in einer flachen Gratinform mit Deckel 2 EL Butter leicht erhitzen. Die Zwiebel darin bei schwacher Hitze weich dünsten. Sie darf dabei nicht bräunen.

3 Den Fisch in die Form legen und beidseitig bei mittlerer Hitze kurz anbraten, salzen und pfeffern. Die Petersilie, die Zitronenschale und die Kapern darüber streuen. Alles mit der Sahne übergießen.

4 Den Fisch zugedeckt im Backofen (Mitte, Umluft 180°) etwa 20 Min. garen. Ab und zu mit der Sauce beträufeln. Kurz vor Garzeitende den Deckel abnehmen.

5 Den Fisch mit den Semmelbröseln bestreuen. Die restliche Butter in Flöckchen darauf verteilen und das Gericht offen überbacken, bis sich eine schöne Kruste bildet.

Im Bild vorne: Calamari all'amalfitana
Im Bild hinten: Rombo al forno

Gamberoni alla caprese

Garnelen in würziger Sauce

- Raffiniert
- Gelingt leicht

Für 4 Personen:

1 1/2 kg TK-Garnelen im Panzer
4 Knoblauchzehen
1 großes Bund Petersilie
4–5 Sardellenfilets
450 g Dosentomaten
6 EL Olivenöl
6–9 EL trockener Weißwein
Salz
1 Prise gemahlener Peperoncino (kleine, scharfe Pfefferschote)
1 großes Baguette
Pfeffer

Zubereitungszeit: 1 Std.

Pro Person ca.: 2900 kJ/690 kcal
81 g EW/22 g F/41 g KH

1 Garnelen auftauen lassen. Die Knoblauchzehen schälen und durchpressen. Die Petersilie abbrausen und trockenschwenken. Die Sardellenfilets und die Petersilie fein hacken. Die Tomaten in einem Sieb leicht abtropfen lassen und zerkleinern.

2 In einer breiten Kasserolle das Olivenöl erhitzen und den Knoblauch, die Sardellen und zwei Drittel der Petersilie etwa 5 Min. leicht anbraten, dann den Wein angießen und unter Rühren bei starker Hitze verdampfen lassen. Die Hitze reduzieren, die Tomaten in die Kasserolle geben, mit Salz und dem Peperoncino würzen. Die Sauce langsam eindicken lassen.

3 Die Garnelen abbrausen und gut abgetropft in die Sauce geben. Zugedeckt bei schwacher Hitze garziehen lassen. Das dauert etwa 15 Min.

4 Die Gamberoni mit der restlichen Petersilie bestreuen und mit dem Baguette servieren. Die Pfeffermühle auf den Tisch stellen.

Cozze alla marinara

Muscheln auf Seemannsart

- Gelingt leicht
- Kalorienarm

Für 4 Personen:

2 kg frische Miesmuscheln
4 Knoblauchzehen
1 großes Bund Petersilie
6 EL Olivenöl
1/8 l trockener Weißwein
je 1 Prise Oregano und gemahlener Peperoncino (kleine, scharfe Pfefferschote)
wenig Salz
4 Scheiben Weißbrot
Pfeffer

Zubereitungszeit: 1 Std.

Pro Person ca.: 1800 kJ/430 kcal
51 g EW/19 g F/12 g KH

1 Die Muscheln unter fließendem, kaltem Wasser abbürsten und entbarten. Alle Muscheln entfernen, deren Schalen geöffnet oder beschädigt sind.

2 Knoblauchzehen schälen. 3 davon mit der Petersilie fein hacken.

3 In einem großen Topf das Öl erhitzen, den Knoblauch und die Hälfte der Petersilie bei schwacher Hitze etwa 5 Min. anbraten. Den Weißwein dazugießen und mit Oregano, Peperoncino und etwas Salz würzen.

4 Die Muscheln in diesem Sud zugedeckt bei starker Hitze so lange dämpfen, bis sich fast alle Schalen geöffnet haben. Das dauert etwa 8 Min. Den Topf zwischendurch mehrmals kräftig rütteln, damit die Muscheln gleichmäßig garen.

5 Die Brotscheiben toasten und kräftig mit der restlichen, halbierten Knoblauchzehe einreiben.

6 Muscheln samt Sud in vorgewärmte Suppenteller verteilen, ungeöffnete Muscheln wegwerfen. Die Muscheln mit der restlichen Petersilie bestreuen. Das Brot dazu reichen. Eine Pfeffermühle und Teller für die leeren Muschelschalen bereitstellen.

Im Bild vorne:
Gamberoni alla caprese
Im Bild hinten:
Cozze alla marinara

Merluzzo in umido

Kabeljau in Tomatensauce

- Kalorienarm
- Gelingt leicht

Fisch muß schwimmen! Hier schwimmt der Kabeljau auf einer deftigen Woge von buntem Gemüse, vier verschiedenen Würzkräutern und Weißwein.

Für 4 Personen:

- **1 Zwiebel**
- **2 Knoblauchzehen**
- **1 Möhre**
- **1 Stange Bleichsellerie**
- **1 Bund Petersilie**
- **1 Bund Basilikum**
- **1 Zweig Rosmarin**
- **1 Zweig Salbei**
- **500 g Fleischtomaten**
- **1 kg Kabeljau (am Stück)**
- **2–3 EL Mehl**
- **4 EL Olivenöl**
- **1 Lorbeerblatt**
- **Salz**
- **frisch gemahlener weißer Pfeffer**
- **6–9 EL trockener Weißwein**

Zubereitungszeit: 1 1/2 Std.

Pro Person ca.: 1400 kJ/330 kcal
47 g EW/10 g F/14 g KH

1 Die Zwiebel und die Knoblauchzehen schälen. Die Möhre waschen und schälen. Den Bleichsellerie waschen und eventuell die Fäden abziehen. Zwiebel, Knoblauch, Möhre und Bleichsellerie ganz fein würfeln.

2 Die Petersilie, das Basilikum, den Rosmarin und den Salbei waschen und mit Küchenpapier trokkentupfen. Die Blätter beziehungsweise die Nadeln abzupfen. Alle Kräuter fein schneiden oder hacken.

3 Die Tomaten kreuzweise einschneiden, mit kochendem Wasser überbrühen, kurz darin ziehen lassen, häuten und halbieren. Die Stielansätze und die Kerne entfernen und das Fruchtfleisch klein würfeln.

4 Den Fisch unter kaltem Wasser abbrausen, mit Küchenpapier trockentupfen und in dem Mehl wenden.

5 Das Olivenöl in einer flachen Kasserolle heiß werden lassen, die Gemüsewürfel und die Kräuter etwa 5 Min. darin anbraten. Dann die Tomatenwürfel hinzufügen und zugedeckt etwa 10 Min. schmoren lassen. Backofen auf 200° vorheizen.

6 Den Fisch in die Kasserolle legen, das Lorbeerblatt hinzufügen, mit Salz und frisch gemahlenem Pfeffer würzen und zugedeckt im Backofen (Mitte, Umluft 180°) in etwa 30 Min. garen. Den Kabeljau zwischendurch einmal vorsichtig wenden. Ab und zu mit dem Weißwein begießen. Vor dem Servieren das Lorbeerblatt entfernen.

7 Zum »merluzzo in umido« passen am besten Petersilienkartoffeln und Salat oder ganz einfach frisches Weißbrot.

VARIANTE

Fisch mit Steinpilzen und Gemüse: 1 EL eingeweichte und ausgedrückte, getrocknete Steinpilze, 1 Stange Bleichsellerie, 1 Bund Petersilie, 1 geschälte Möhre, 1 Zwiebel, 2 Knoblauchzehen, 3 Sardellenfilets, 2 EL Pinienkerne und 1 EL Kapern fein hacken. In einer flachen Kasserolle 4 EL Olivenöl heiß werden lassen und die feingehackten Zutaten bei schwacher Hitze darin etwa 10 Min. anbraten. Den Backofen auf 180° vorheizen. Den vorbereiteten Fisch mit Salz und Pfeffer einreiben, in Mehl wenden und in die Kasserolle geben. Den Bratfond über dem Fisch verteilen. Die Kasserolle zudecken und in den Backofen (Mitte, Umluft 160°) stellen. Den Fisch in etwa 30 Min. fertiggaren, dabei einmal vorsichtig umdrehen. Ab und zu mit der Sauce beträufeln. Falls nötig, etwas Gemüsebrühe angießen.

TIP!

Anstelle des ganzen Kabeljaus können Sie auch Kabeljaufilets (frisch oder tiefgekühlt) verwenden. Die sind nach etwa 15–20 Min. gar. Wenn Sie keine aromatischen Tomaten bekommen, können Sie sie durch 600 g Dosentomaten ersetzen. Die Tomaten in einem Sieb abtropfen lassen und kleinhacken.

Dolci (Desserts)

Essen und Trinken spielen eine wichtige Rolle in jeder italienischen Familie. Alt und jung sammeln sich gemeinsam um den Tisch, nicht nur, um den Hunger zu stillen. »Mangiare in compagnia«, also in Gesellschaft zu essen, bedeutet dem Italiener sehr viel. Dabei rangiert die Unterhaltung mit dem Gesprächspartner noch vor dem Genuß der Tafelfreuden. Man kommuniziert miteinander im wahrsten Sinne des Wortes – ein Ritus, dem auch die Hektik unserer Zeit bisher nur wenig anhaben konnte. Den krönenden Abschluß eines geselligen Essens bilden in Italien Käse und »dolci«, feine Desserts.

Käse vor dem Dessert

Bei keinem italienischen Menü darf Käse fehlen, der meist in mehreren Sorten angeboten wird. Probieren Sie alle Spezialitäten, die Sie bekommen können, von Gorgonzola »dolce« (mild) oder »piccante« (scharf) über Fontina, Provolone, Cacciocavallo, Asagio, Bel Paese bis Parmesan und Pecorino. Die beiden letzten schmecken nämlich nicht nur als Reibekäse sehr gut. Ein abwechslungsreich gefüllter Obstkorb ergänzt den Käsegang. Daß Weintrauben gut zu Käse schmekken, ist bekannt, probieren Sie aber auch andere Früchte, z.B. Birnen, Pfirsiche oder Feigen.

Eine köstliche Verbindung: vollreife Feigen mit Gorgonzola.

Frische Früchte

Ob zum Käse oder danach: Im Alltag ersetzt frisches Obst, das das ganze Jahr über in bester Qualität erhältlich ist, aufwendige Desserts. Man bereitet daraus schnell einen Obstsalat oder kocht ein Kompott. Herrlich auch die marinierten Früchte. Legen Sie mal Erdbeeren in Marsala, dem aromatischen Dessertwein, ein. Oder probieren Sie Erdbeeren in Weißwein und Zitronensaft: Dazu 400 g geviertelte Erdbeeren mit 3 EL Zucker bestreuen, mit dem Saft von 1/2 Zitrone und 1/4 l Weißwein begießen und unbehandelte Zitronenschalenstreifen untermischen. 2 Stunden kalt stellen.

Süße Weine

In Italien gibt es zahlreiche Dessertweine, die zum Abschluß eines feinen Essens serviert werden. Oft reicht man dazu mürbes Gebäck, das in den Wein eingetunkt wird. Backen Sie die Amaretti von Seite 56 und tauchen Sie sie in »Vin santo« ein. Das ist ein bernsteinfarbener, aromatischer Dessertwein aus der Toskana, der aus angetrockneten Trauben hergestellt wird.

Kleiner Muntermacher: Espresso

Nach einem langen, ausgiebigen Essen weckt er die Lebensgeister: ein kleiner, starker Kaffee – Espresso, der Schnelle. Kenner bereiten ihn aus feinen, säurearmen Arabica-Bohnen zu. Weil die Kaffeebohnen für Espressomischungen kräftiger geröstet werden als die für Filterkaffee, lösen sich dabei auch eine Menge Reizstoffe, und der Kaffee wird bekömmlicher.
Neben der einfachen neapolitanischen Espressokanne, die man auf den Herd stellt, gibt es eine ganze Reihe mehr oder weniger professioneller elektrischer Espressomaschinen zu kaufen.
Wer echt italienischen aromatischen Espresso genießen will, achtet darauf, daß die Maschine mindestens 15 bar Druck entwickelt: Wichtig für eine schöne »crema«, das ist der Schaum auf dem Espresso, der das Aroma unter Verschluß hält.

Typisch italienisch: Ein Täßchen Espresso nach dem Essen oder als Stärkung zwischendurch.

Cassata

Sizilianisches Dessert

- Gut vorzubereiten
- Raffiniert

Für 4 Personen:

Für den Biskuitteig:
6 Eier
180 g Puderzucker
1 Päckchen Vanillinzucker
100 g Mehl
75 g Speisestärke
Für die Füllung:
200 g gemischte kandierte Früchte
75 g bittere Schokolade
500 g Ricotta (italien. Frischkäse)
180 g Zucker
1 Päckchen Vanillinzucker
6 cl Maraschinolikör oder Rum
Zum Garnieren:
300 g Sahne
kandierte Früchte
Außerdem:
Backpapier

Zubereitungszeit: 1 Std.
Backzeit: 30–35 Min.
Kühlzeit: 10 Std.

Pro Person ca.:
5425 kJ/1300 kcal
31 g EW/60 g F/160 g KH

1 Den Boden einer Springform mit 26 cm Ø mit Backpapier auslegen. Den Backofen auf 180° vorheizen.

2 Die Eier trennen und die Eigelbe mit dem Puderzucker und dem Vanillinzucker schaumig rühren. Die Eiweiße steif schlagen und unterheben. Das Mehl mit der Speisestärke über die Eimasse sieben und unterziehen. Den Teig in die Form füllen und glattstreichen. Im Backofen (Mitte, Umluft 160°) 30–35 Min. backen. Den Biskuit etwa 6 Std. auskühlen lassen.

3 Die kandierten Früchte und die Schokolade kleinwürfeln. Den Ricotta mit dem Zucker, dem Vanillinzucker und 4 cl von dem Likör oder Rum zu einer glatten Creme rühren. Die kandierten Früchte und die Schokoladenwürfel unterheben.

4 Den Biskuit in 1 cm breite Streifen schneiden, eine Schüssel oder eine Kastenform mit einem Teil der Streifen auskleiden. Die Creme einfüllen, mit den restlichen Biskuitstreifen bedecken.

5 Den restlichen Likör darüber träufeln. Zugedeckt mindestens 4 Std. kühlen. Dann stürzen.

6 Cassata mit steifgeschlagener Sahne überziehen und mit kandierten Früchten garnieren.

Amaretti

Mandelmakronen

- Raffiniert
- Braucht etwas Zeit

Für etwa 90 Stück:

250 g Mandeln
50 g bittere Mandeln
300 g Zucker
2–3 Eiweiß
Zum Bestreuen:
Puderzucker

Zubereitungszeit: 1 Std.
Backzeit: 30 Min.

Bei 90 Stück pro Stück ca.:
145 kJ/35 kcal
1 g EW/2 g F/4 g KH

1 Die gesamten Mandeln kurz in kochendem Wasser ziehen lassen, häuten und gut trocknen lassen (am besten bei schwacher Hitze im Backofen).

2 Die getrockneten Mandeln portionsweise unter Zugabe von etwas Zucker im Mörser sehr fein zerstoßen oder im Blitzhacker fein zerkleinern. Dann in einer Schüssel mit dem restlichen Zucker mischen.

3 Die Eiweiße leicht verrühren, dann nach und nach soviel Eiweiß unter die Mandeln arbeiten, bis ein fester Teig entsteht.

4 Den Backofen auf 120° vorheizen. Ein Backblech mit Alufolie auslegen. Den Teig in nußgroßen Häufchen mit etwas Abstand darauf setzen. Die Makronen mit Puderzucker bestreuen. Im Ofen (Mitte, Umluft 100°) etwa 30 Min. trocknen lassen.

TIP!

Wenn Sie keine bitteren Mandeln bekommen, nehmen Sie süße Mandeln und aromatisieren den Teig mit Bittermandelöl.

Im Bild vorne: Amaretti
Im Bild hinten: Cassata

Macedonia allo zabaione

Fruchtsalat mit Zabaione

- Kalorienarm
- Raffiniert

Für 4 Portionen:

- 100 g Himbeeren
- 100 g Walderdbeeren
- 2 gelbe Pfirsiche
- 6–8 Aprikosen
- 1 feste, reife Birne
- 1 säuerlicher Apfel
- Saft von 1 Zitrone
- 80 g Zucker
- 3 Eigelb
- 1/8 l trockener Marsala

Zubereitungszeit: 30 Min.
Marinierzeit: 1 Std.

Pro Person ca.: 660 kJ/160 kcal
4 g EW/6 g F/22 g KH

1 Die Beeren vorsichtig waschen und trockentupfen. Die Pfirsiche schälen, halbieren, entsteinen und in Würfel schneiden. Die Aprikosen waschen, abtrocknen, halbieren, entsteinen und in Spalten schneiden. Die Birne und den Apfel waschen, schälen, vom Kerngehäuse befreien und die Früchte in Würfel schneiden.

2 Das ganze Obst in eine Schüssel geben, mit dem Zitronensaft und etwa 50 g Zucker mischen. Im Kühlschrank etwa 1 Std. ziehen lassen. Zwischendurch die Beeren und die Obststücke einmal vorsichtig wenden.

3 Inzwischen in einer hitzebeständigen Schüssel die Eigelbe und den restlichen Zucker mit dem Schneebesen oder Handrührgerät cremig schlagen. Dann die Schüssel in ein heißes Wasserbad stellen, langsam den Marsala dazugießen und zu einer lockeren, schaumigen Creme schlagen. Der Weinschaum darf nicht kochen.

4 Die Schüssel am besten in eiskaltes Wasser stellen und so lange rühren, bis der Weinschaum noch lauwarm ist. Den Obstsalat in Portionsschälchen verteilen. Die Zabaione extra dazu reichen oder über das Obst gießen.

TIP!

Sie können die Geschmacksnuancen der Zabaione nach Gusto variieren, wenn Sie statt Marsala trockenen Weißwein nehmen oder die Hälfte durch Wein ersetzen. Sie können die Zabaione aber auch mit geriebener, unbehandelter Zitronen- oder Orangenschale oder durch die Zugabe aromatischer Liköre verfeinern.

Tiramisu

Löffelbiskuits mit Mascarponecreme

- Gut vorzubereiten
- Raffiniert

Für 4 Personen:

3 ganz frische Eier
70 g Zucker
250 g Mascarpone
4 EL Rum oder Cognac
ca. 150 ml Espresso
150 g Löffelbiskuits
Außerdem:
ungezuckertes Kakaopulver

Zubereitungszeit: 30 Min.
Kühlzeit: 6 Std.

Pro Person ca.: 2635 kJ/630 kcal
12 g EW/37 g F/56 g KH

1 Eier trennen. Eigelb mit 60 g Zucker schaumig schlagen. Mascarpone und 3 EL Rum oder Cognac hinzufügen und alles zu einer dicken Creme rühren.

2 Eiweiß zu steifem Schnee schlagen und unter die Mascarponecreme heben.

3 Den Espresso mit dem restlichen Zucker und dem restlichen Rum oder Cognac vermischen.

4 Die Hälfte der Löffelbiskuits in dem abgekühlten Espresso wenden und in eine Auflaufform legen. Die Biskuits sollen feucht, aber noch fest sein. Die Hälfte der Mascarponecreme darüber verteilen und glattstreichen.

5 Restliche Biskuits im restlichen Espresso tränken und auf die Creme legen. Restliche Mascarponecreme darüber verteilen und glattstreichen. Tiramisu mindestens 6 Std. oder über Nacht in den Kühlschrank stellen. Vor dem Servieren mit Kakaopulver bestreuen

TIP!

Wenn Sie keine Espressomaschine zuhause haben, bereiten Sie den Espresso aus Instantpulver zu.

Zuppa inglese

Creme mit Biskuit
und Baiser

● Raffiniert
● Gut vorzubereiten

Für 4 Personen:

1/2 l Milch • 5 Eier
125 g Zucker
1 Päckchen Vanillinzucker
150 g gemischte, kandierte Früchte
300 g Biskuit (Rezept siehe Cassata, Seite 58)
50 ml Rum
50 ml Amaretto
1 EL Puderzucker

Zubereitungszeit: 1 Std.

Pro Person ca.:
5000 kJ/1200 kcal
43 g EW/37 g F/170 g KH

1 Die Milch in einem Topf aufkochen, dann leicht abkühlen lassen.

2 3 Eier trennen. In einer Schüssel den Zucker, den Vanillinzucker, die Eigelbe und die restlichen beiden Eier cremig aufschlagen. Unter ständigem Schlagen mit dem Handrührgerät nach und nach die Milch dazugießen.

3 Die Eier-Milch-Masse in einen zweiten Topf schütten und unter ständigem Rühren bei milder Hitze bis kurz vor den Siedepunkt bringen. Die Masse darf nicht aufkochen. In eine Schüssel gießen und anschließend auskühlen lassen, dabei ab und zu umrühren, damit sich keine Haut bildet.

4 Die kandierten Früchte in kleine Würfel schneiden und unter die Creme heben.

5 Den Biskuit in etwa 1 cm breite Streifen schneiden. Den Boden einer feuerfesten Form damit auslegen.

6 Biskuitstreifen mit Rum beträufeln, die Creme darauf verteilen, mit Biskuit bedecken, den Likör darauf träufeln. So lange wiederholen, bis alle Zutaten verbraucht sind. Die oberste Schicht muß aus Biskuit bestehen.

7 Den Backofen auf Oberhitze oder 250° schalten.

8 Die Eiweiße mit dem Puderzucker zu steifem Schnee schlagen. In den Spritzbeutel füllen und mit dieser Baisermasse das Dessert dekorieren. Im Backofen auf der oberen Schiene so lange backen, bis die Baisermasse sich ganz leicht gelb färbt.

Crema di mascarpone agli amaretti

Mascarponecreme
mit Amaretti

● Schnell
● Gelingt leicht

Für 4 Personen:

100 g Amaretti (Rezept Seite 58)
3 EL Amaretto
4 ganz frische Eier
50 g Zucker
200 g Mascarpone
Zum Garnieren:
4 kandierte Kirschen

Zubereitungszeit: 20 Min.
Kühlzeit: 1 Std.

Pro Person ca.: 2300 kJ/550 kcal
23 g Ew/30 g F/46 g KH

1 Die Amaretti in einen Plastikbeutel geben und mit dem Nudelholz zu feinen Bröseln zerdrükken. Die Amarettibrösel in einem Schälchen mit dem Likör tränken.

2 Die Eier trennen. Aus den Eigelben und dem Zucker eine weißliche Creme rühren. Den Mascarpone zugeben und unterrühren, dann die Amarettibrösel unterziehen.

3 Die Eiweiße steif schlagen und unter die Mascarponecreme heben. Die Creme in vier hohe Gläser füllen.

4 Mit je 1 kandierten Kirsche verzieren und für mindestens 1 Std. in den Kühlschrank stellen.

VARIANTE

Tränken Sie 150 g Amarettibrösel mit 4–5 EL Amaretto und geben Sie die Brösel in eine Auflaufform. Mascarponecreme zubereiten, mit etwas Orangensaft aromatisieren und die Creme über die Brösel gießen. Ca. 2–3 Std. kühl stellen.

TIP!

Garnieren Sie das Dessert statt mit kandierten Kirschen mit Amarenakirschen.

Im Bild vorne:
Zuppa inglese
Im Bild hinten:
Crema di mascarpone agli amaretti

Impressum

Redaktion: Christine Wehling
Lektorat: Christiane Kührt, Dr. Stephanie von Werz-Kovacs
Layout, Typographie und Umschlaggestaltung: Heinz Kraxenberger
Satz und Herstellung: BuchHaus Robert Gigler GmbH
Produktion: Helmut Giersberg
Fotos: Odette Teubner, Kerstin Mosny; Wolf Heider (S. 5, 18, 36, 37, 55); Teubner Archiv (U2)
Reproduktion: Repro Schmidt, Dornbirn
Druck und Bindung: Druckhaus Kaufmann, Lahr

Marieluise Christl-Licosa
wurde in Tirol geboren und ist dort aufgewachsen. Mit ihrem Mann und den vier Söhnen lebte sie viele Jahre in Mailand, konnte dort die Landessprache erlernen und die italienische Küche an ihren Quellen studieren. Zahlreiche Reisen und lange Ferienaufenthalte in allen Regionen Italiens führten zu vielen freundschaftlichen Kontakten mit der Bevölkerung. Mit wahrer Leidenschaft sammelte Frau Christl-Licosa Rezepte von neapolitanischen Fischern, von piemontesischen Bergbauern, von Herrschaftsköchinnen aus der Lombardei und der Toskana und von Chefköchen bekannter Feinschmeckerlokale der großen Städte.

Odette Teubner
wuchs zwischen Kameras, Scheinwerfern und Versuchsküche auf. Ausgebildet wurde sie durch ihren Vater, den bekannten Food-Fotografen Christian Teubner. Nach einem Ausflug in die Modefotografie kehrte sie in die Foodbranche zurück und hat seitdem das seltene Glück, Beruf und Hobby zu vereinen.

R

S

T

V

W

Z

GASHERD-TEMPERATUREN

Die Temperaturstufen bei Gasherden variieren von Hersteller zu Hersteller. Welche Stufe Ihres Herdes der jeweils angegebenen Temperatur entspricht, entnehmen Sie bitte der Gebrauchsanweisung.

ABKÜRZUNGEN

TL = Teelöffel
EL = Eßlöffel
Msp. = Messerspitze

kJ = Kilojoules
kcal = Kilokalorien
EW = Eiweiß
F = Fett
KH = Kohlenhydrate

DAS ORIGINAL GU MIT GARANTIE

Das Original mit Garantie

UNSERE GARANTIE: Sollte ein GU-Ratgeber einmal einen Fehler enthalten, schicken Sie uns bitte das Buch mit einem kleinen Hinweis und der Quittung innerhalb von sechs Monaten nach dem Kauf zurück. Wir tauschen Ihnen den GU-Ratgeber gegen einen anderen zum gleichen oder ähnlichen Thema um.

Ihr Gräfe und Unzer Verlag
Redaktion Kochen
Postfach 86 03 25
81630 München
Fax: 089/41981-113
e-mail: leserservice@graefe-und-unzer.de